高等职业教育铁道运输类新形态一体化系列教材

动车组驾驶与运用

李静娇　杨新伟◎主　编

李　璞　杨翠蕾　王仕卿◎副主编

中国铁道出版社有限公司

2024年·北　京

内 容 简 介

本书为高等职业教育铁道运输类新形态一体化系列教材之一。全书紧扣职业教育的特点，本着强化岗位技能的实际、实用原则，以CR400AF型、CRH380A型动车组为对象，对动车组司机室设备检查及操作使用，动车组基本操作，动车组司机一次乘务作业，动车组重联及解编、救援，动车组故障应急处理仿真实训五个项目进行详细讲解。

本书可作为高等职业院校动车组检修技术专业的教材，也可供铁路相关专业技术人员参考。

图书在版编目(CIP)数据

动车组驾驶与运用/李静娇，杨新伟主编. —北京：中国铁道出版社有限公司，2024.5

高等职业教育铁道运输类新形态一体化系列教材

ISBN 978-7-113-31021-9

Ⅰ.①动…　Ⅱ.①李…　②杨…　Ⅲ.①高速动车-铁路行车-高等职业教育-教材　Ⅳ.①U266

中国国家版本馆CIP数据核字(2024)第034949号

书　　名：动车组驾驶与运用

作　　者：李静娇　杨新伟

责任编辑：亢丽君　　**编辑部电话**：(010)51873205　　**电子邮箱**：67204751@qq.com

封面设计：刘　莎

责任校对：苗　丹

责任印制：赵星辰

出版发行：中国铁道出版社有限公司(100054，北京市西城区右安门西街8号)

网　　址：http://www.tdpress.com

印　　刷：北京盛通印刷股份有限公司

版　　次：2024年5月第1版　2024年5月第1次印刷

开　　本：787 mm×1 092 mm　1/16　**印张**：7.25　**字数**：163千

书　　号：ISBN 978-7-113-31021-9

定　　价：35.00元

前 言

轨道交通行业的快速发展使得大量新技术、新工艺、新材料、新设备不断投入使用。新的形势对轨道交通相关专业人才提出了更高的要求,生产一线急需熟练掌握专业技能、在关键岗位发挥骨干作用的高素质技术技能人才。这就迫切需要更加契合专业特色的教材,以适应现今轨道交通网络化、智能化的发展形势。

目前动车组检修技术专业教材普遍存在重理论、轻实践的现象。作为职业教育院校,培养具有创新精神与实践能力的高素质人才是我们的根本目标和特色所在。

本书紧扣职业教育的特点,以 CR400AF 型、CRH380A 型动车组为对象,采用项目—任务的编排方式,对动车组司机室设备检查及操作使用,动车组基本操作,动车组司机一次乘务作业,动车组重联及解编、救援,动车组故障应急处理仿真实训进行详细讲授。每个项目除了任务实施、活动评价、任务评价外,还附有练习与思考题。

本书由石家庄铁路职业技术学院李静娇、杨新伟任主编,石家庄铁路职业技术学院李璞、杨翠蕾、王仕卿任副主编。具体编写分工如下:李静娇编写项目一、项目三;杨新伟编写项目二;杨翠蕾、王仕卿编写项目四;李璞编写项目五。

由于编者水平及实践经验有限,加之轨道交通领域的技术发展迅速,书中难免有疏漏和不妥之处,敬请广大读者批评指正。

编者

2023.10

目录

项目一

动车组司机室设备检查及操作使用

动车组司机室设备检查及操作使用
- 认知司机室整体布局
  - 认知司机室布局
  - 认知司机室设备布置
- 认知司机室电气柜
  - 认知司机室左侧电气柜内按钮、开关设置
  - 认知司机室右侧电气柜内按钮、开关设置

知识目标

1. 掌握司机室系统架构。
2. 掌握司机室设备布置。
3. 熟悉司机室左侧电气柜内按钮、开关设置情况。
4. 熟悉司机室右侧电气柜内按钮、开关设置情况。

能力目标

1. 能够正确指出司机室各个区域布局。
2. 能够熟练说明操作台各个区域设备名称和功能。
3. 能够熟知操作台每个开关、按钮具体位置。

素质目标

1. 具有分析问题和解决问题的能力。
2. 具有精益求精的工匠精神。
3. 具有吃苦耐劳、勇于创新、敢于创新的精神。
4. 善于与人沟通和交流,具有团队协作意识,善于总结经验。

项目描述

司机室是司机获取信息,作出决策并对有关系统进行指令控制、驾驶列车完成各种任务的工作场所。动车组两端各设置一个司机室,两个司机室具有相同的结构与功能,列车运行控制由激活端司机室实施。本项目围绕司机室来展开学习,包括司机室的整体布局,操作台的布局,各个按钮、开关的功能。

任务一　认知司机室整体布局

任务导入

大家在进入一个新的空间时,都会先看看它的整体布局,大致了解一下各个区域的功能、作用,也会特别关注一下自己以后主要工作的区域。那么司机室整体布局是怎样的呢?各个操纵装置又在什么位置呢?我们一起来看看吧。

任务目标

1. 掌握司机室布局。
2. 熟悉司机室设备布置。

任务实施

根据教师讲授内容,在图 1-1-1 中填写各部分名称。

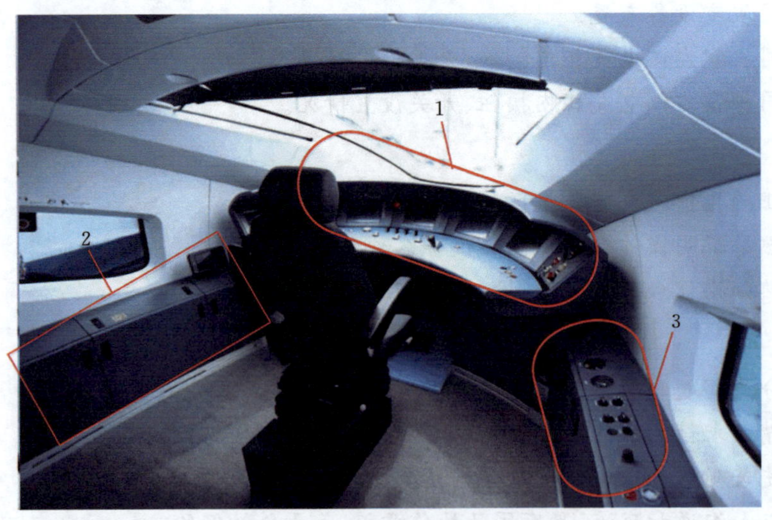

图 1-1-1　动车组司机室布局

1—________;2—________;3—________

学习活动 1　认知司机室布局

司机室由司机操纵台、左右侧边柜、司机室脚踏、司机室照明、火警检测装置、刮雨器、司机座椅、挡风玻璃、司机室墙顶板、遮阳帘、司机室门等设备组成。

司机室设计为单人驾驶模式，司机操纵台设置在中央位置，布置有各系统显示设备、司机控制器，以及行车过程中重要的操作开关等，是列车的主要操作设备。它的设计参考 UIC 651 标准，符合现代人机工程学设计原理。司机座椅位于车体中心处。司机室门设置于司机室与观光区之间。

CR400AF 型动车组司机室布局如图 1-1-2 所示。

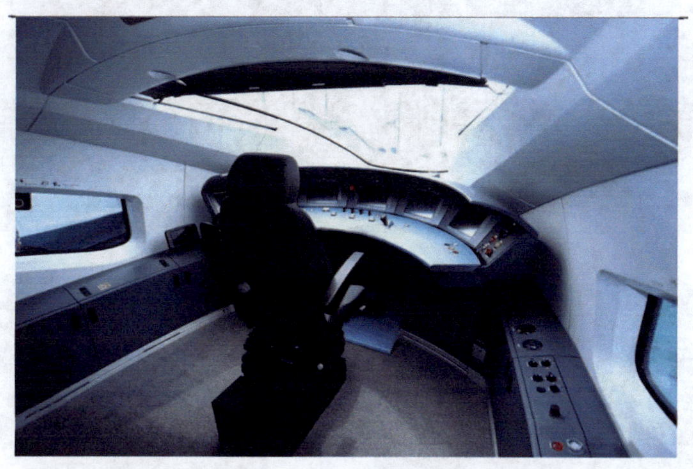

图 1-1-2　CR400AF 型动车组司机室总体布局

学习活动 2　认知司机室设备布置

司机室操纵台布置有驾驶列车所需的各种控制和显示等部件；驾驶列车所需的电子和电气、空气和机械的设备均设于司机室柜中；脚部空间单元为左右侧边柜的连接元件；设备组件按功能分组安装并用 FRP 面板遮盖。CR400AF 型动车组司机室设备布置如图 1-1-3 所示，具体名称见表 1-1-1。

表 1-1-1　CR400AF 型动车组司机室主要设备名称

序号	名称	序号	名称	序号	名称
1	司机控制台	6	以太网网关	11	数据转储装置
2	第二操作区	7	PIS 电话	12	线路摄像机
3	CCU1/2	8	CIR 打印机	13	RIOM 模块 1/2
4	灭火器	9	故障面板	14	总计 km 计数器
5	辅助座椅	10	220 V 插座		

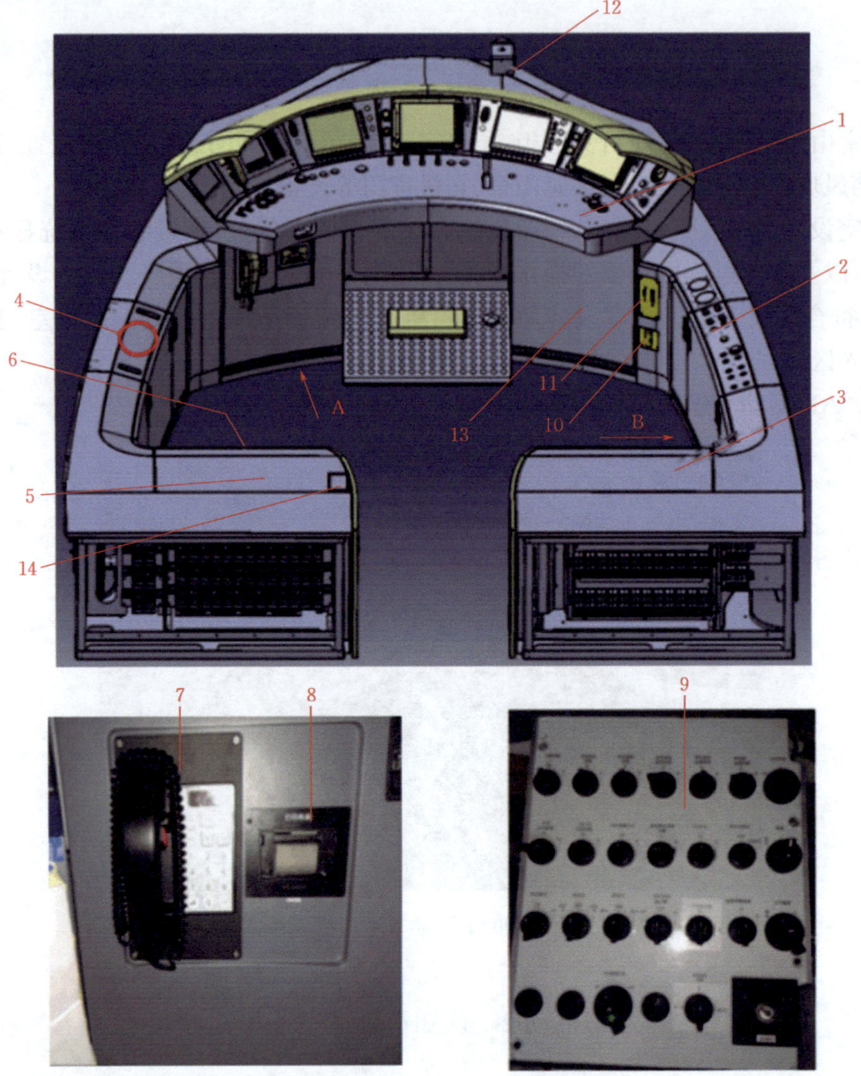

图 1-1-3　CR400AF 型动车组司机室设备布置

活动评价

在学习完司机室布局和设备布置后，每组派两位组员指出司机室各个组成部分，相邻组派一名组员作为监督员根据活动评分表 1-1-2 评分，事后监督员说出扣分缘由。

表 1-1-2　活动评分表

序号	主要内容	考核要求	配分	评分标准	得分
1	司机室布局	能够说明动车组基本布局，准确指出各个组成部分的具体位置	20	1. 未能指出司机操纵台和左右侧边柜，扣 10 分。 2. 未能指出司机室脚部空间单元，扣 10 分	

续上表

序号	主要内容	考核要求	配分	评分标准	得分
2	司机室设备布置	能够正确指出各操纵装置名称	80	1. 未能指出司机控制台、第二操作区、CCU1/2、灭火器，扣 20 分。 2. 未能指出辅助座椅、以太网网关、PIS 电话、CIR 打印机，扣 20 分。 3. 未能指出数据转储装置、线路摄像机、故障面板、220 V 插座，扣 20 分。 4. 未能指出 RIOM 模块 1/2、总计 km 计数器，扣 20 分	
小组编号				合计(总分)	

任务评价

任务名称				
小组成员		综合评分		
学生自评	理论任务完成情况			
	序号	知识考核点	自评意见	自评结果
	1			
	2			
	3			
	训练任务完成情况			
	项目	内容	评价标准	自评结果
	训练准备			
	训练方法			
	质量考核			
	安全考核			
学习小组评价	□团队合作　□动手操作能力　□信息获取能力　□交流沟通能力 （根据完成任务情况填写：A 优秀；B 良好；C 合格；D 有待改进）			
教师评价				

练习与思考

1. 根据司机室的整体布局，说出司机室脚踏、司机座椅安装在什么位置？

2. 查阅资料，说出制动手柄在什么位置，怎么调整制动力的大小？

任务二　认知司机室电气柜

司机室电气柜位于司机座椅的左右两侧，司机室电气柜内按功能分组设置驾驶列车所需要的电子、电气、机械设备等，让我们一起来看看吧。

1. 熟悉司机室左侧电气柜内按钮、开关设置情况。
2. 熟悉司机室右侧电气柜内按钮、开关设置情况。

学习活动 1　认知司机室左侧电气柜内按钮、开关设置

司机室转换开关盘位于司机室左侧电气柜内，如图 1-2-1 所示。打开上部检修门可以对司机室转换开关盘各开关进行操作。

图 1-2-1　司机室转换开关盘位置

司机室转换开关盘的布置及功能描述如图 1-2-2、图 1-2-3 所示。

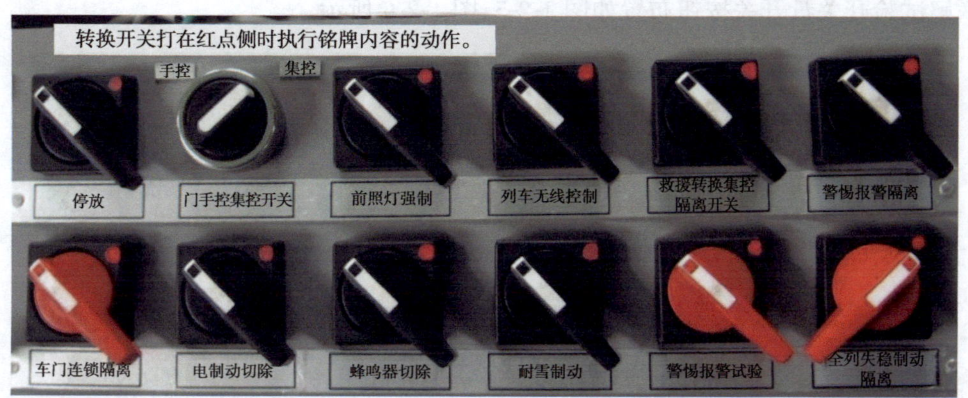

图 1-2-2　CRH380A 型动车组司机室转换开关盘 1

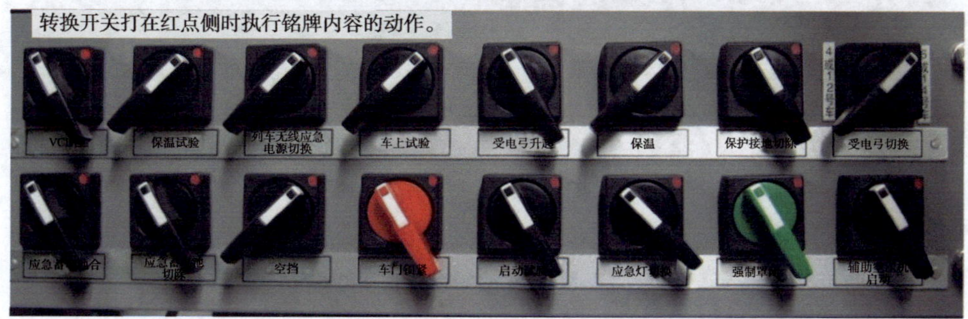

图 1-2-3　CRH380A 型动车组司机室转换开关盘 2(强制罩闭仅 8 车有)

学习活动 2　认知司机室右侧电气柜内按钮、开关设置

联解试验开关盘位于司机右侧电气柜中，位置如图 1-2-4 所示。

图 1-2-4　联解试验开关盘位置

联解试验开关盘开关按钮布置如图 1-2-5、图 1-2-6 所示。

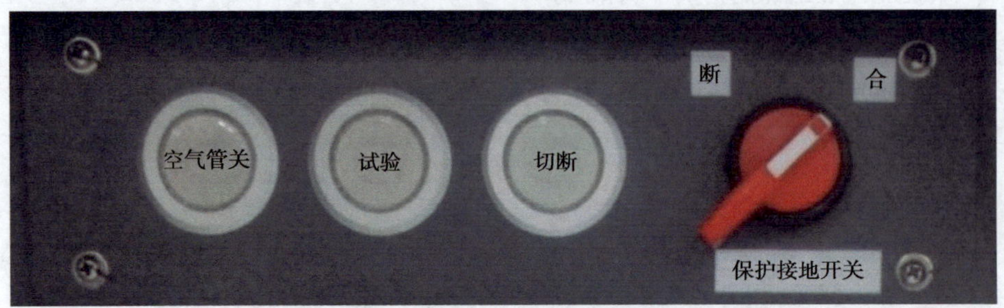

图 1-2-5 1 车联解试验开关盘

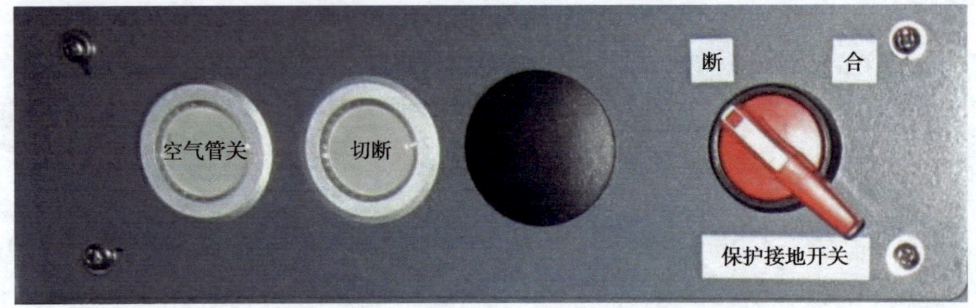

图 1-2-6 8 车联解试验开关盘

活动评价

在学习完司机室电气柜内按钮、开关设置后，每组派两位组员指出司机室左、右侧电气柜内各个组成部分，相邻组派一名组员作为监督员根据活动评分表 1-2-1 评分，事后监督员说出扣分缘由。

表 1-2-1 活动评分表

序号	主要内容	考核要求	配分	评分标准		得分
1	司机室左侧电气柜设置	能够准确指出左侧电气柜及每一区域功能	50	1. 未能指出司机室转换开关盘位置，扣 10 分。 2. 未能说出司机室转换开关盘各个按钮的大致作用，扣 40 分		
2	司机室右侧电气柜设置	能够准确指出右侧电气柜及每一区域功能	50	1. 未能指出联解试验开关盘的位置，扣 10 分。 2. 未能说出联解试验开关盘各个按钮的大致作用，扣 40 分		
小组编号			合计(总分)			

任务评价

<table>
<tr><td colspan="2">任务名称</td><td colspan="4"></td></tr>
<tr><td colspan="2">小组成员</td><td colspan="2"></td><td>综合评分</td><td></td></tr>
<tr><td rowspan="11">学生自评</td><td colspan="5">理论任务完成情况</td></tr>
<tr><td>序号</td><td>知识考核点</td><td colspan="2">自评意见</td><td>自评结果</td></tr>
<tr><td>1</td><td></td><td colspan="2"></td><td></td></tr>
<tr><td>2</td><td></td><td colspan="2"></td><td></td></tr>
<tr><td>3</td><td></td><td colspan="2"></td><td></td></tr>
<tr><td colspan="5">训练任务完成情况</td></tr>
<tr><td>项目</td><td>内容</td><td colspan="2">评价标准</td><td>自评结果</td></tr>
<tr><td>训练准备</td><td></td><td colspan="2"></td><td></td></tr>
<tr><td>训练方法</td><td></td><td colspan="2"></td><td></td></tr>
<tr><td>质量考核</td><td></td><td colspan="2"></td><td></td></tr>
<tr><td>安全考核</td><td></td><td colspan="2"></td><td></td></tr>
<tr><td>学习小组评价</td><td colspan="5">□团队合作　□动手操作能力　□信息获取能力　□交流沟通能力
（根据完成任务情况填写：A 优秀；B 良好；C 合格；D 有待改进）</td></tr>
<tr><td>教师评价</td><td colspan="5"></td></tr>
</table>

练习与思考

1. 当主控钥匙未插入，需要强制性点亮前照灯时，应该进行怎样的操作？

2. 简单复述各区域中电气柜的组件。

项目二

动车组基本操作

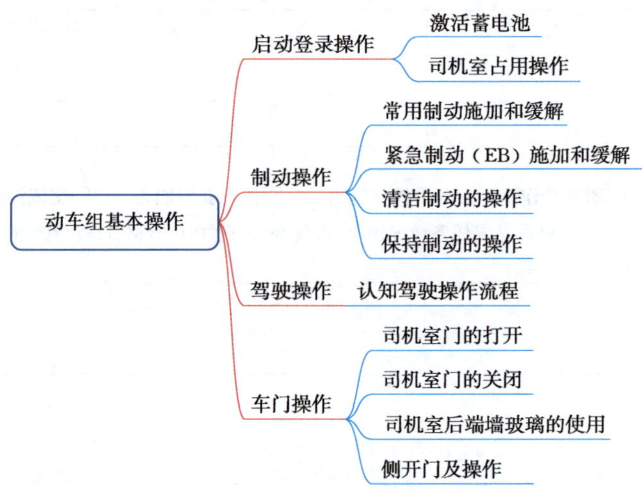

知识目标

1. 掌握动车组启动登录操作。
2. 掌握动车组的各种制动操作。
3. 掌握动车组驾驶操作。
4. 掌握动车组开关门操作。

能力目标

1. 能够准确、规范地进行动车组启动登录操作。
2. 能够熟练进行动车组的各种制动操作。

3. 能够熟练进行动车组的驾驶操作。

4. 能够规范进行动车组的开关门操作。

素质目标

1. 具有认识新事物的能力。
2. 具备自主学习能力。
3. 具有团队合作能力。
4. 具备动手操作能力。

项目描述

掌握动车组基本操作是每一名动车组司机规范化、标准化操作的基础，本项目主要围绕动车组司机启动登录、制动操作、驾驶操作、车门操作进行学习。通过本项目的学习，我们可以对动车组驾驶的基本知识、基本流程、基本操作有很清晰的认识，为后续项目的学习打下基础。

任务一　启动登录操作

任务导入

通过项目一的学习，我们已经能够清楚认识动车组司机室各个区域的组成及作用，接下来我们进行动车组的基本操作学习。

任务目标

1. 掌握蓄电池投入及断电操作。
2. 熟悉司机室占用操作。

任务实施

学习活动 1　激活蓄电池

司机确认占用司机室条件具备后，操作仪表盘仪表区“主控钥匙”开关，顺时针旋转至“司机室占用”位置，然后将转换开关盘 1 的“蓄电池”开关(图 2-1-1)逆时针旋转至“开”位并保持 3 s，列车直流供电母线 103 线得电，司机室灯亮、网络系统初始化运行开始工作，蓄电池投入完成，左边显示器 HMI 为牵引主页面，右边显示器 HMI 为制动主页面。

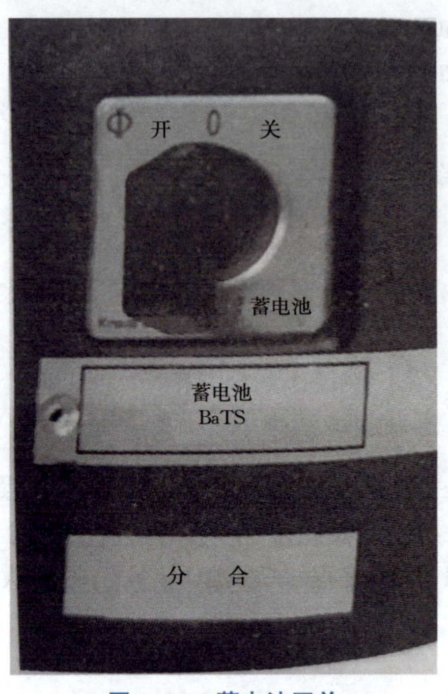

图 2-1-1 蓄电池开关

学习活动 2 司机室占用操作

每一个司机室操纵台均配有一把专用钥匙(出乘前,司机到指定地点领取),包括两个旋转方向:“司机室占用”位和“0”位。

正确插入主控钥匙,看准旋向,将主控钥匙旋转至“司机室占用”位置,并将蓄电池开关旋转至“开”位,接通蓄电池,操作过程如图 2-1-2、图 2-1-3 所示,司机台被激活。司机台激活后,列车控制和管理系统也处于“激活”状态并设置为主控司机室,并在显示器主页面对主控司机室进行图示。

注意:列车控制和管理系统激活后,只允许接收来自主控司机室的各种控制指令,其他非主控司机室指令一概忽略。

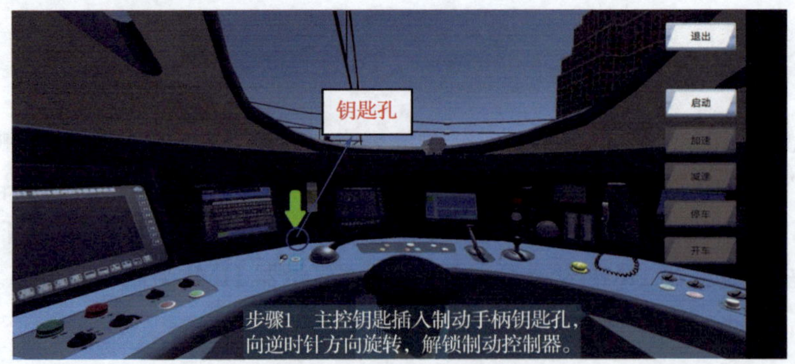

图 2-1-2 司机台激活操作 1

图 2-1-3　司机台激活操作 2

活动评价

在学习完司机室占用操作后，每组派两位组员进行实操，相邻组派一名组员作为监督员根据活动评分表 2-1-1 评分，事后监督员说出扣分缘由。

表 2-1-1　活动评分表

序号	主要内容	考核要求	配分	评分标准	得分
1	激活蓄电池	能够规范激活蓄电池	20	1. 主控钥匙开关旋转位置错误，扣 10 分。 2. 蓄电池未投入完成，扣 10 分	
2	司机室占用操作	能够按照正确的步骤，对司机台激活	20	1. 工具使用不规范，扣 10 分。 2. 旋转方向不正确，扣 10 分	
3	检查测试	能够按照要求检查测试	30	1. 司机室灯未亮，扣 20 分。 2. HMI 界面信息解读不正确，扣 10 分	
4	文明安全操作	能够规范操作，出清收尾	30	1. 未正确佩戴劳保用品，扣 15 分。 2. 未规范操作，扣 15 分	
小组编号			合计(总分)		

任务评价

任务名称				
小组成员			综合评分	
学生自评	理论任务完成情况			
	序号	知识考核点	自评意见	自评结果
	1			
	2			
	3			

<table>
<tr><td rowspan="6">学生
自评</td><td colspan="4">训练任务完成情况</td></tr>
<tr><td>项目</td><td>内容</td><td>评价标准</td><td>自评结果</td></tr>
<tr><td>训练准备</td><td></td><td></td><td></td></tr>
<tr><td>训练方法</td><td></td><td></td><td></td></tr>
<tr><td>质量考核</td><td></td><td></td><td></td></tr>
<tr><td>安全考核</td><td></td><td></td><td></td></tr>
<tr><td>学习
小组
评价</td><td colspan="4">□团队合作　□动手操作能力　□信息获取能力　□交流沟通能力
（根据完成任务情况填写：A 优秀；B 良好；C 合格；D 有待改进）</td></tr>
<tr><td>教师
评价</td><td colspan="4"></td></tr>
</table>

练习与思考

1. 根据蓄电池激活操作，简述蓄电池断电操作以及蓄电池断电操作需要满足的条件。

2. 列车控制和管理系统激活后，其他非主控司机室指令一概忽略，但有一个指令特殊，请问是哪一个？

3. 主控钥匙没有插入时，列车控制和管理系统处于什么状态？

任务二　制动操作

任务导入

制动系统对动车组的重要作用不言而喻。动车组优于普通列车的地方不仅仅是高速，还有就是它的舒适性。性能优越的动车组制动系统能尽量减小车辆间的纵向冲击，保证乘客的舒适性。接下来，我们以 CR400AF 型动车组为例，开始学习动车组的制动操作。

任务目标

1. 了解常用制动施加和缓解。
2. 掌握紧急制动(EB)施加和缓解。
3. 熟悉清洁制动的操作。
4. 掌握保持制动的操作。

学习活动 1　常用制动施加和缓解

常用制动分为 B1～B7 级，优先采用电制动，电制动满足不了所需要的制动力时，空气动力补充，以维持编组列车上所需要的制动力。

通过操作司控器手柄(图 2-2-1)进行常用制动的施加和缓解，司控器手柄置于相应制动级位时制动施加，置于"0"位时制动缓解。

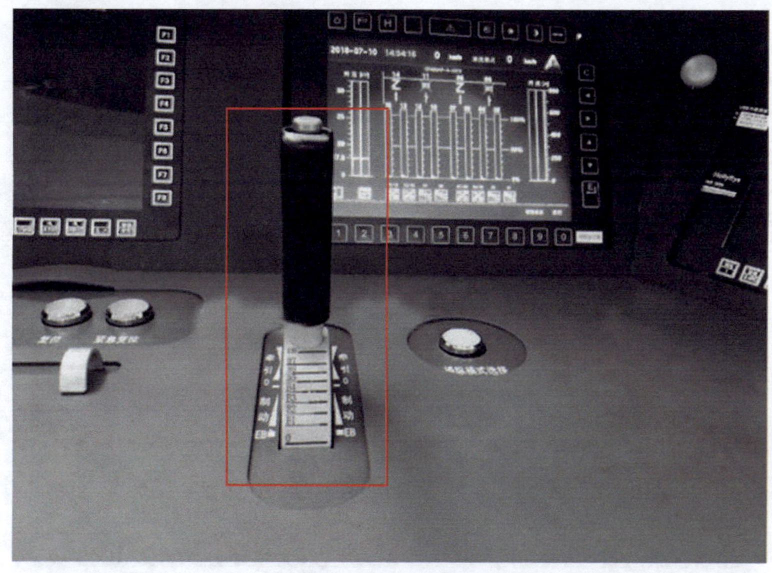

图 2-2-1　司控器手柄

制动施加和缓解时，制动缸压力通过 HIM 屏"运行"页面进行确认。

学习活动 2　紧急制动(EB)施加和缓解

1. 紧急制动(EB)触发条件

(1)将司控器手柄置 EB 位施加紧急制动(EB)。

(2)拉下客室或乘务员室内紧急制动拉闸触发紧急制动(EB)。

(3)由主控钥匙、“列车非静止条件(速度＞5 km/h)下停放制动意外施加”“司机警惕装置触发紧急制动请求”“车载地震紧急处置装置发出(Ⅱ级、Ⅲ级)报警信号”“轴温熔断继电器动作”等触发的紧急制动(EB)环路失电,列车施加紧急制动(EB)。

2. 紧急制动(EB)缓解

(1)由司控器手柄置 EB 位触发的紧急制动,手柄离开 EB 位后,紧急制动(EB)环路得电,紧急制动自动缓解。

(2)由客室或乘务员室内紧急制动拉闸触发的紧急制动,可先通过操作台的乘客报警旁路开关缓解紧急制动(EB)。

(3)由“列车非静止条件(速度＞5 km/h)下停放制动意外施加”“司机警惕装置触发紧急制动请求”“车载地震紧急处置装置发出(Ⅱ级、Ⅲ级)报警信号”“轴温熔断继电器动作”触发的紧急制动(EB),启动零速联锁,停车后将触发源复位,进行以下操作:

①按下停放制动施加按钮,HMI 屏确认全列车停放制动施加。

②司控器手柄置于制动位。

③按压“紧急复位”按钮,点击 HMI 屏“设备状态”选择“安全环路”页面,司控器手柄置于“B4”位,按压“紧急复位”按钮(图 2-2-2),复位紧急制动,在“安全环路”页面确认紧急制动缓解。

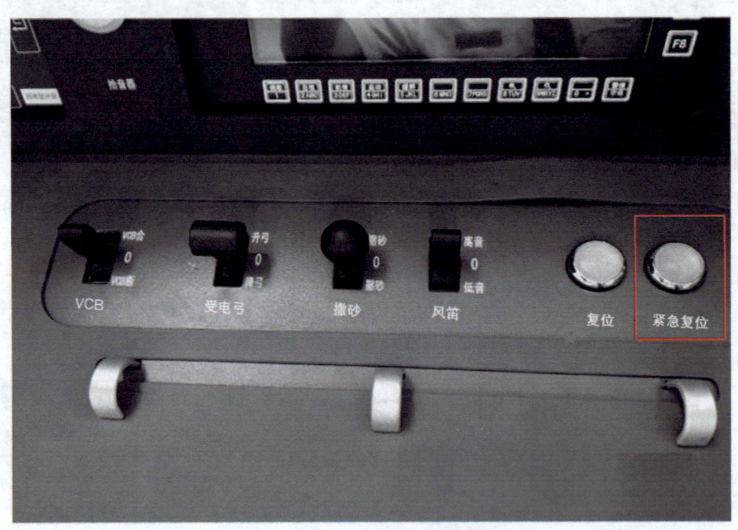

图 2-2-2　紧急复位按钮

学习活动 3　清洁制动的操作

为了改善冰雪、潮湿天气下制动盘和闸片的摩擦系数,司机操纵台设置清洁制动按钮,按下清洁制动按钮(图 2-2-3)自动施加清洁制动,松开按钮,清洁制动缓解。

清洁制动施加后,通过 HMI 屏“制动信息”页面确认制动缸压力为(70±20) kPa。

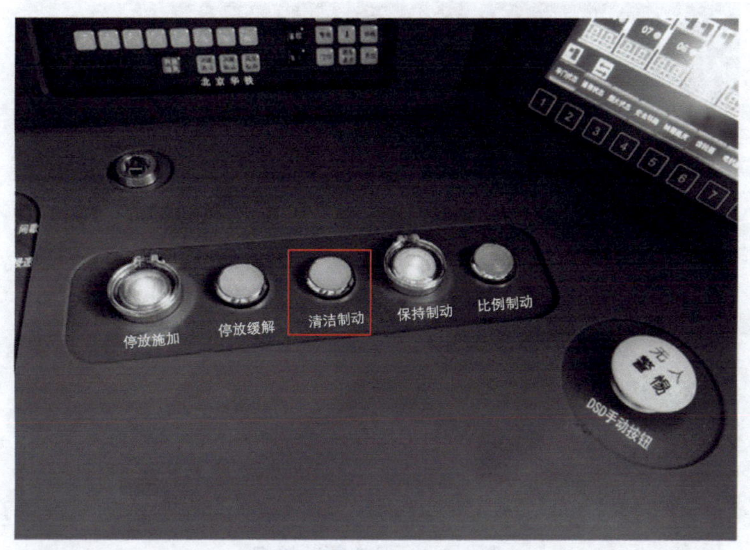

图 2-2-3　清洁制动按钮

学习活动 4　保持制动的操作

动车组具有保持制动功能，保持制动应在动车组静止时自动施加，动车组起动后自动缓解。保持制动力满足动车组在定员载荷下，在 20‰坡道上静止或起动时不溜车的要求，该制动力相当于常用 4 级制动力。

1. 保持制动施加

为了防止列车停在坡道上出现溜车情况，需要在列车停稳后施加一个固定大小的常用制动力，一般该制动力的大小为最大常用制动力的 70%左右，即保持制动。保持制动的施加由制动系统负责，保持制动的缓解由 TCMS 负责；当 TCMS 故障时，保持制动的管理全部由制动系统自身负责。

司机操纵台设置保持制动按钮(图 2-2-4)。列车停车后自动施加保持制动，各车 EBCU 施加相当于 B4 级空气制动。

施加保持制动后，通过制动信息画面确认制动缸压力为常用 4 级制动力。

2. 保持制动缓解的条件

保持制动满足以下任一条件时缓解：

(1)当司控器手柄处于牵引位，且列车速度大于 1.5 km/h，BCU 自动缓解保持制动。

(2)单列牵引变流器反馈牵引力大于 125 kN(重联时为 250 kN)时，TMCS 自动缓解保持制动。

(3)列车速度大于 1.5 km/h 时，TMCS 自动缓解保持制动。

(4)牵引指令持续 7 s 及以上，BCU 自动缓解保持制动。

在某些特殊情况下，可以通过按压“保持制动”按钮或有动力情况下提牵引手柄达到上

图 2-2-4 保持制动按钮

述条件使保持制动缓解。停车状态下按压“保持制动”按钮开关，绿色背光指示灯熄灭，缓解保持制动；松开“保持制动”按钮，绿色背光指示灯点亮，恢复保持制动。

司机室边柜增设“保持制动切除”旋钮开关，用于故障或试验工况，手动切除保持制动。

在学习完制动操作后，每组派两位组员进行实操，相邻组派一名组员作为监督员根据活动评分表 2-2-1 评分，事后监督员说出扣分缘由。

表 2-2-1 活动评分表

序号	主要内容	考核要求	配分	评分标准	得分
1	常用制动施加和缓解	能够规范施加和缓解常用制动	20	1. 司控器手柄位置不正确，扣 10 分。 2. 未进行“运行”页面确认，扣 10 分	
2	紧急制动(EB)施加和缓解	能够规范施加和缓解紧急制动(EB)	30	1. 司控器手柄位置不正确，扣 10 分。 2. 未拉下紧急制动拉闸，扣 10 分。 3. 未规范按下停放制动按钮、紧急复位按钮，扣 10 分	
3	清洁制动的操作	能够规范操作清洁制动	20	1. 施加清洁制动不规范，扣 10 分。 2.“制动信息”页面未确认，扣 10 分	
4	保持制动的操作	能够规范操作保持制动	30	1. 操作保持制动施加按钮错误，以及未确认显示页面，扣 15 分。 2. 操作保持制动缓解按钮错误，以及未确认显示页面，扣 15 分	
小组编号				合计(总分)	

任务评价

<table>
<tr><td>任务名称</td><td colspan="4"></td></tr>
<tr><td>小组成员</td><td colspan="2"></td><td>综合评分</td><td></td></tr>
<tr><td rowspan="11">学生自评</td><td colspan="4">理论任务完成情况</td></tr>
<tr><td>序号</td><td>知识考核点</td><td>自评意见</td><td>自评结果</td></tr>
<tr><td>1</td><td></td><td></td><td></td></tr>
<tr><td>2</td><td></td><td></td><td></td></tr>
<tr><td>3</td><td></td><td></td><td></td></tr>
<tr><td colspan="4">训练任务完成情况</td></tr>
<tr><td>项目</td><td>内容</td><td>评价标准</td><td>自评结果</td></tr>
<tr><td>训练准备</td><td></td><td></td><td></td></tr>
<tr><td>训练方法</td><td></td><td></td><td></td></tr>
<tr><td>质量考核</td><td></td><td></td><td></td></tr>
<tr><td>安全考核</td><td></td><td></td><td></td></tr>
<tr><td>学习小组评价</td><td colspan="4">□团队合作　□动手操作能力　□信息获取能力　□交流沟通能力
(根据完成任务情况填写:A优秀;B良好;C合格;D有待改进)</td></tr>
<tr><td>教师评价</td><td colspan="4"></td></tr>
</table>

练习与思考

1. 查找紧急制动(UB)施加和缓解步骤。

2. 简述常用制动的操作流程。

任务三　驾驶操作

任务导入

目前我国高速铁路上运行的动车组大多采用的是人工驾驶模式,动车组运行效果依赖于司机的操作经验或技术,司机的操作不当或失误都可能造成列车的晚点甚至威胁列车的运行安全。因此，为了更好地保证列车行车安全、提高铁路运输效率，必须规范驾驶操作。下面，我们一起学习驾驶操作吧。

1. 掌握驾驶过程中的页面显示。
2. 掌握驾驶过程中的手柄、按钮等操作。

学习活动　认知驾驶操作流程

(1)制动手柄在“拔取”位；牵引手柄在“切”位；方向手柄在“空”位；将主控钥匙插入制动手柄钥匙孔，向逆时针方向旋转，解锁制动控制器。

(2)将制动手柄移至“快速”位，方向手柄移至“向前”位，主控继电器(MCR)工作，MON和 ATP 上电启动。

(3)将 MON 显示器页面切换至“电源电压”页面，确认控制电压表大于 77 V，如图 2-3-1所示。

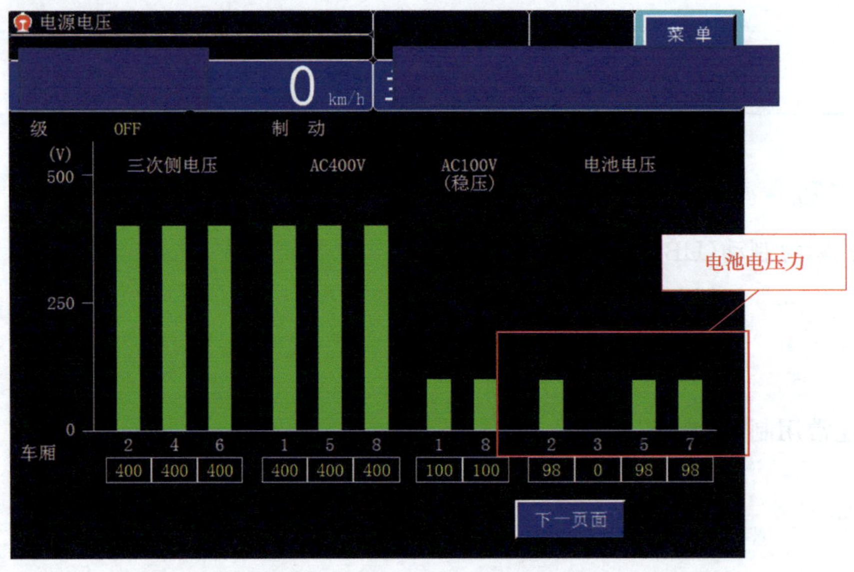

图 2-3-1　MON 显示器“电源电压”页面

(4)确认 CIR 故障显示灯上各灯显示正常(VCB 及电气设备紧急制动灯亮)，如图 2-3-2所示。

(5)MON 显示器切换至“车辆信息”页面，如图 2-3-3 所示，确认 EGS 断开。

(6)故障屏配电盘内扳动受电弓上升开关“PanUS”，通过 MON 确认受电弓升起，如图 2-3-4所示。

图 2-3-2　CIR 故障显示灯

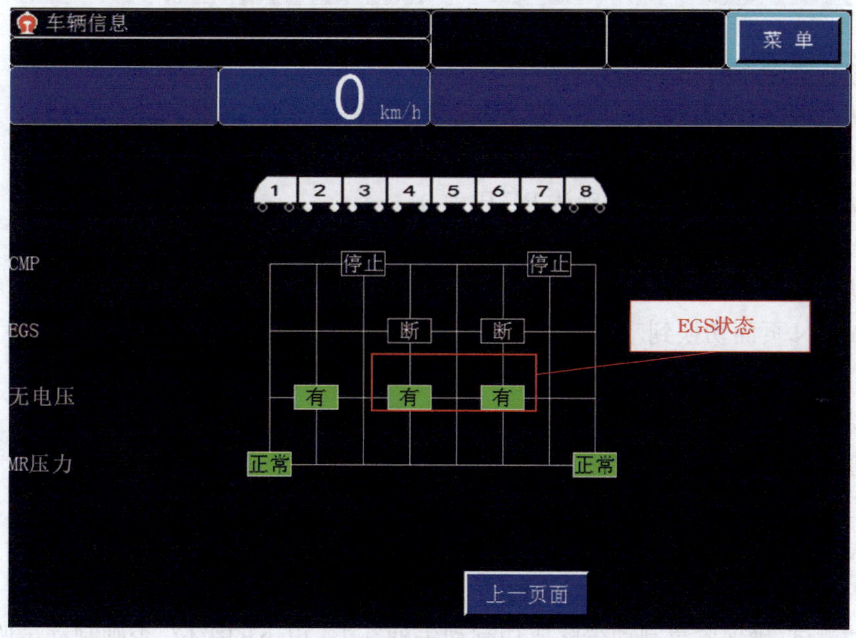

图 2-3-3　MON 显示器切换至“车辆信息”页面

(7)确认牵引手柄在“切”位的情况下故障屏配电盘内扳动 VCB 合开关或者司机操作台上 VCB 合按钮，通过故障显示灯(VCB 灯熄灭)、网压电压表，确认 VCB 闭合。

(8)确认 CIR 无线装置电源状态正常，ATP、LKJ 正常启动。

(9)双针压力表上确认 MR 压力大于 780 kPa。

(10)确认制动手柄在“快速”位，停放制动置“缓解”位，缓解停放制动的情况下按压紧急制动复位开关(UBRS)，故障显示灯“紧急制动”灯熄灭。

图 2-3-4　配电盘内受电弓上升开关

(11)进行制动系统试验。

①制动手柄“快速”位，确认 BC 压力大于 480 kPa。

②制动手柄移置“B7”位，确认 BC 压力大于 330 kPa。

③制动手柄移置“运行”位，确认 BC 压力 0。

(12)起动试验。

①制动手柄置“B7”位或“快速”位。

②将 MON 页面切换到牵引变流器页面。

③牵引手柄提“P1”位。

④扳动启动开关 3～5 s。

⑤检查电机电流等数据。

试验完成之后牵引手柄置“切”位，制动手柄置 B4 以下位。

(13)ATP 启动完成之后根据提示输入相关数据信息。

①输入司机号、车次号(可以任意输入也可以不输入)。

②制动测试(确保紧急制动缓解成功制动手柄在 B4 以下的级位，否则制动试验有可能失败，若失败，需确认制动手柄在 B4 以下，在 ATP 上确认再次进行制动试验)，如图 2-3-5 所示。

如果紧急制动没有缓解，制动测试会无法启动，需要将紧急制动缓解之后，再在 ATP 上确定执行制动测试，如图 2-3-6 所示。

③确认 CTCS 等级(默认 CTCS-2 等级)。

④选择上下行线路。

⑤确认启动完成之后再次按下启动键，当 ATP 限速开放、信号开放，证明 ATP 设置成功，如图 2-3-7 所示。

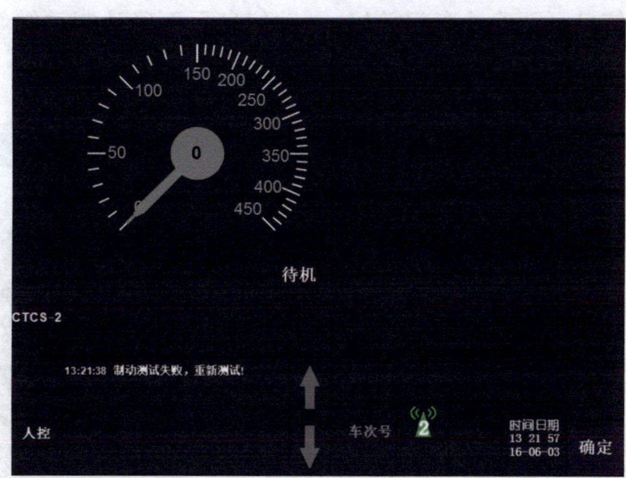

图 2-3-5　再次进行制动试验显示页面

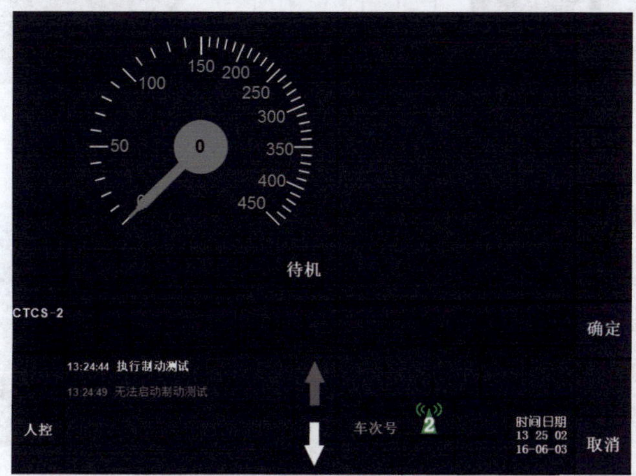

图 2-3-6　确定执行制动测试页面

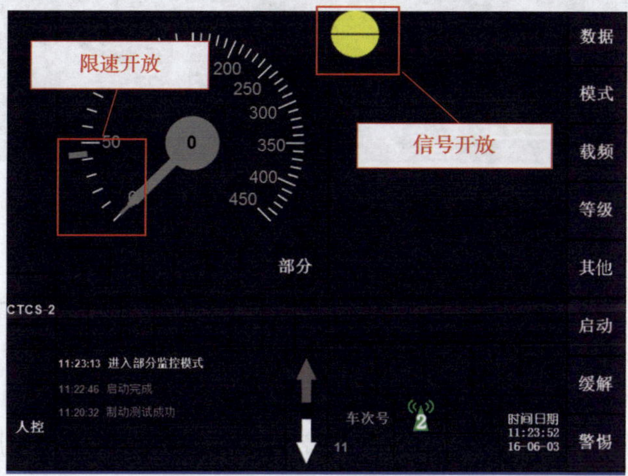

图 2-3-7　ATP 设置成功页面

(14)MON 车门信息页面确认车门关好,制动信息页面确认制动缓解,停放制动缓解之后操作牵引手柄开车,如图 2-3-8、图 2-3-9 所示。

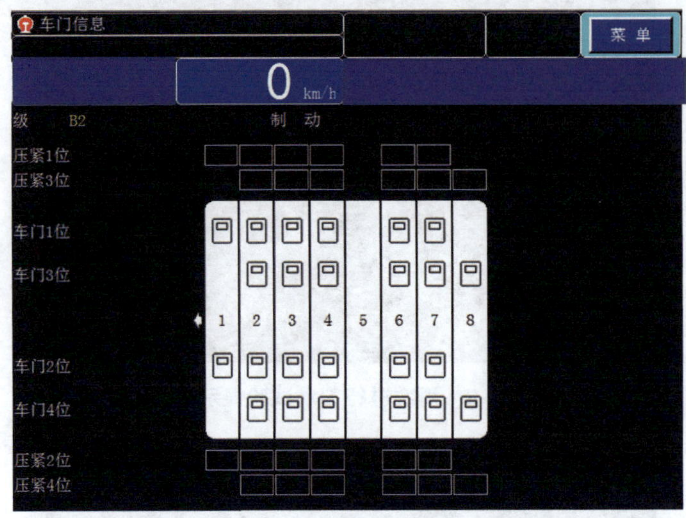

图 2-3-8　MON 车门确认关好页面

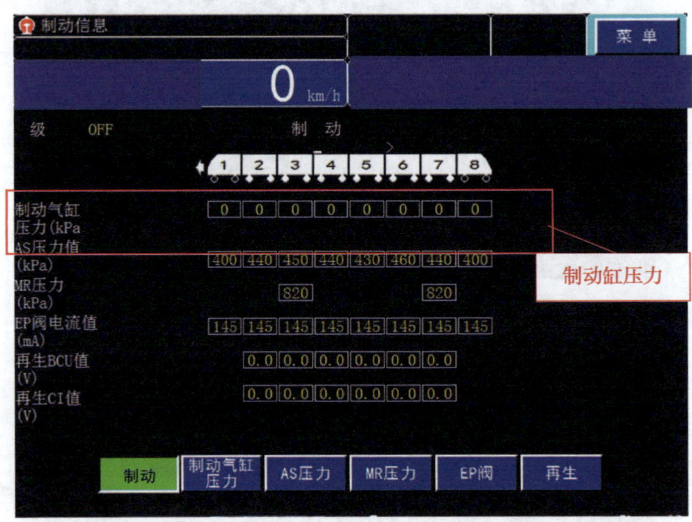

图 2-3-9　MON 制动缓解页面

驾驶过程中注意事项:

(1)速度达到 30 km/h 以上,牵引手柄 2 级以上,按下恒速按钮方可施加恒速;恒速行驶过程中操作制动手柄或者牵引手柄或者恒速切按钮可取消恒速。

(2)无人警惕功能没有隔离的情况下,车速达到 5 km/h 时操作台上的报警灯会亮起并伴有报警声音,此时 10 s 内没有按下无人警惕按钮或踩下无人警惕脚踏,列车将输出紧急制动。

(3)长时间按下无人警惕按钮或踩下无人警惕脚踏 30 s，操作台上的报警灯会亮起并伴有报警声音，此时 10 s 内不放开，列车将输出紧急制动(若不使用警惕功能可通过隔离开关隔离)。

(4)停放制动只有在列车停止时才能施加，有速度的情况下无法施加，停止时施加停放制动的同时会输出紧急制动。

(5)车门开启情况下列车无法牵引。

活动评价

在学习完驾驶操作后，每组派两位组员进行实操，相邻组派一名组员作为监督员根据活动评分表 2-3-1 评分，事后监督员说出扣分缘由。

表 2-3-1　活动评分表

序号	主要内容	考核要求	配分	评分标准	得分
1	手柄的操作	能够按正确的步骤，解锁制动控制器	20	1. 各种手柄初始位置不正确，扣 10 分。 2. 制动操作手柄位置不正确，扣 10 分	
2	显示页面切换	能够按照要求切换并检查电源电压、车辆信息等	30	1. 未切换至“电源电压”页面，扣 10 分。 2. 未确认各种显示灯正常，扣 10 分。 3. 未确认受电弓升起，扣 10 分	
3	制动、起动试验	能够规范操作并合理分析显示页面	30	1. 制动试验操作不规范，扣 15 分。 2. 起动试验操作不规范，扣 15 分	
4	输入相关数据信息	能够按照提醒信息，正确填写相关信息	20	1. 未进行制动试验，扣 10 分。 2. 未成功设置 ATP，扣 10 分	
小组编号			合计(总分)		

任务评价

<table>
<tr><td colspan="2">任务名称</td><td colspan="3"></td></tr>
<tr><td colspan="2">小组成员</td><td></td><td>综合评分</td><td></td></tr>
<tr><td rowspan="5">学生自评</td><td colspan="4">理论任务完成情况</td></tr>
<tr><td>序号</td><td>知识考核点</td><td>自评意见</td><td>自评结果</td></tr>
<tr><td>1</td><td></td><td></td><td></td></tr>
<tr><td>2</td><td></td><td></td><td></td></tr>
<tr><td>3</td><td></td><td></td><td></td></tr>
</table>

学生自评	训练任务完成情况			
	项目	内容	评价标准	自评结果
	训练准备			
	训练方法			
	质量考核			
	安全考核			
学习小组评价	□团队合作　□动手操作能力　□信息获取能力　□交流沟通能力 （根据完成任务情况填写：A 优秀；B 良好；C 合格；D 有待改进）			
教师评价				

练习与思考

1. 如何进行恒速操作以及取消恒速操作？

2. ATP 启动完成之后，需要逐步输入哪些信息？

任务四　车门操作

在司机进入和离开司机室时，必须进行开关门操作，下面我们带着这些问题开始学习。

1. 熟悉司机室门打开操作。
2. 熟悉司机室门关闭操作。
3. 熟悉司机室后端墙玻璃的使用。
4. 熟悉侧开门及操作。

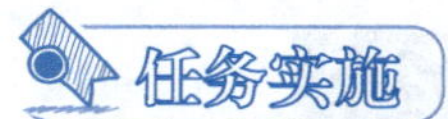

学习活动 1　司机室门的打开

(1)在司机室侧:用手握住把手,沿顺时针方向转动把手,转动大约 30°,此时门锁打开,向外推门,司机室门打开。

(2)在 VIP 侧:用一只手握住把手,用另一只手拿钥匙沿逆时针转动锁芯,直到转不动为止,此时门锁打开,向内拉门,司机室门打开。

学习活动 2　司机室门的关闭

(1)在司机室侧:用手握住把手向内拉门,当门碰到门框时,门关闭。

(2)在 VIP 侧:用手握住把手向外推门,当门碰到门框时,门关闭。

学习活动 3　司机室后端墙玻璃的使用

后端墙控制开关(图 2-4-1)位于观光区两侧多功能边柜上,当开关接通时,玻璃透明;当开关断开时,玻璃呈乳白色不透明状。

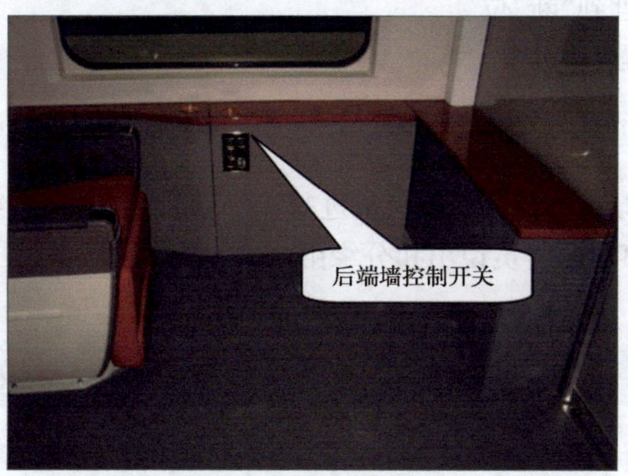

图 2-4-1　后端墙控制开关

学习活动 4　侧开门及操作

侧开门的开关可以在 1 车、16 车的司机室操纵台和 9 车的列车员室进行操作。在车速为 5 km/h 以下时,即使在运行中,也可以进行侧开门的开关操作。但车辆上有乘客时,务必在停车状态下操作。

16 车司机室操纵台开关门按钮如图 2-4-2 所示。

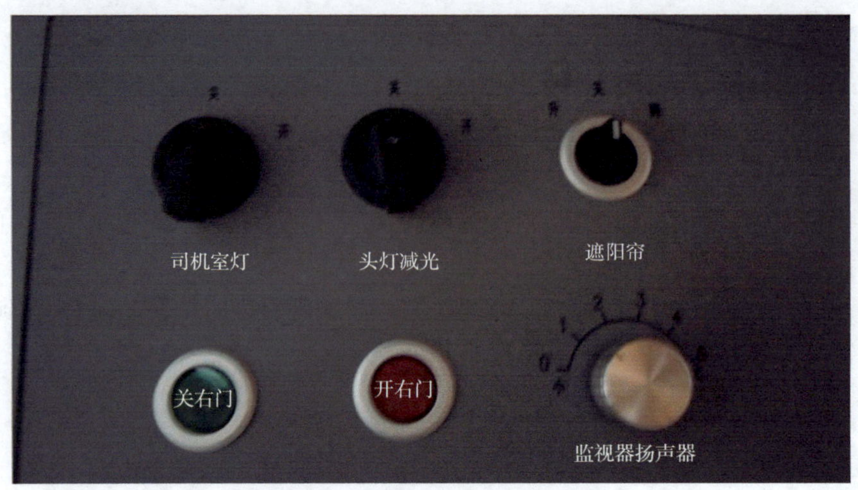

图 2-4-2 司机室操纵台开关门按钮

9 车列车员室操作步骤：

(1)将列车员钥匙插入靠站台侧的侧开门操作开关。

(2)旋转列车员钥匙到“合”位。

(3)按下开门按钮(车侧灯亮灯、车门打开、乘客上下车)。

(4)确认已无旅客上下车后,按下关门按钮。

(5)确认车侧灯已熄灭。

(6)旋转列车员钥匙到“断”位。

(7)拔出列车员钥匙。

活动评价

在学习完车门操作后,每组派两位组员进行实操,相邻组派一名组员作为监督员根据活动评分表 2-4-1 评分,事后监督员说出扣分缘由。

表 2-4-1 活动评分表

序号	主要内容	考核要求	配分	评分标准	得分
1	司机室门的打开	能够规范操作打开司机室门	20	1. 未能在司机室侧打开司机室门,扣 10 分。 2. 未能在 VIP 侧打开司机室门,扣 10 分	
2	司机室门的关闭	能够规范操作关闭司机室门	20	1. 未能在司机室侧关闭司机室门,扣 10 分。 2. 未能在 VIP 侧关闭司机室门,扣 10 分	

续上表

序号	主要内容	考核要求	配分	评分标准	得分
3	司机室后端墙玻璃的使用	能够规范使用后端墙玻璃开关	20	1. 未能接通后端墙控制开关，扣 10 分。 2. 未能断开后端墙控制开关，扣 10 分	
4	侧开门及操作	能够规范操作打开和关闭 16 车和 9 车侧开门	40	1. 未能正确操作 16 车司机室操纵台开关门按钮，扣 10 分。 2. 未将 9 车列车员室钥匙置“合”位，扣 10 分。 3. 未确认是否有旅客上下车，按下关门按钮，扣 10 分。 4. 未拔出车钥匙，扣 10 分	
小组编号			合计(总分)		

任务评价

<table>
<tr><td>任务名称</td><td colspan="4"></td></tr>
<tr><td>小组成员</td><td colspan="2"></td><td>综合评分</td><td></td></tr>
<tr><td rowspan="11">学生自评</td><td colspan="4">理论任务完成情况</td></tr>
<tr><td>序号</td><td>知识考核点</td><td>自评意见</td><td>自评结果</td></tr>
<tr><td>1</td><td></td><td></td><td></td></tr>
<tr><td>2</td><td></td><td></td><td></td></tr>
<tr><td>3</td><td></td><td></td><td></td></tr>
<tr><td colspan="4">训练任务完成情况</td></tr>
<tr><td>项目</td><td>内容</td><td>评价标准</td><td>自评结果</td></tr>
<tr><td>训练准备</td><td></td><td></td><td></td></tr>
<tr><td>训练方法</td><td></td><td></td><td></td></tr>
<tr><td>质量考核</td><td></td><td></td><td></td></tr>
<tr><td>安全考核</td><td></td><td></td><td></td></tr>
<tr><td>学习小组评价</td><td colspan="4">□团队合作　□动手操作能力　□信息获取能力　□交流沟通能力
(根据完成任务情况填写:A 优秀;B 良好;C 合格;D 有待改进)</td></tr>
<tr><td>教师评价</td><td colspan="4"></td></tr>
</table>

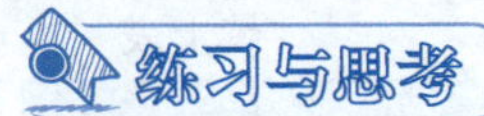

1. 简述打开和关闭司机室门操作。

2. 简述打开和关闭侧开关门操作。

项目三

动车组司机一次乘务作业

知识导图

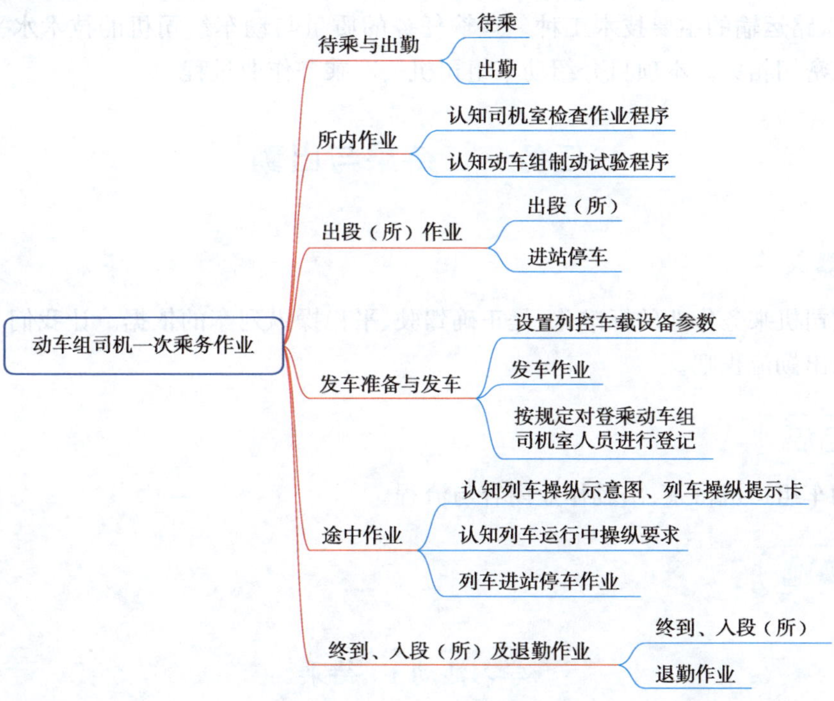

学习目标

知识目标

1. 掌握动车组司机待乘、出勤、接车的作业内容与流程。
2. 熟悉动车组司机出所作业、发车准备及发车的标准与规范。
3. 掌握动车组司机途中作业内容与标准。
4. 掌握动车组司机在站交接、继乘作业内容与标准。

5. 熟悉动车组司机终到、入段及退勤作业内容与标准。

能力目标

1. 能够完成动车组司机一次乘务作业。
2. 熟悉动车组设备的组成、原理与性能。

素质目标

1. 具有分析问题和解决问题的能力。
2. 具有精益求精的工匠精神。
3. 具有遵章守纪、爱护机车、平稳操作、安全正点的职业精神。

项目描述

动车组是一种高速铁路运输工具。动车组司机担负着驾驶动车组、维护列车安全正点的责任，是铁路运输的主要技术工种。运输任务的质量与动车组司机的技术水平和操作流程的标准化密切相关。本项目介绍动车组司机一次乘务作业过程。

任务一　待乘与出勤

任务导入

动车组司机乘务作业的标准化，是正确驾驶、平稳操纵列车的依据。让我们一起来学习具体待乘与出勤流程吧。

任务目标

熟悉动车组司机待乘、出勤作业内容与流程。

任务实施

学习活动 1　待乘

(1)司机在上车前必须充分休息或按照规定休息，严禁饮酒。

(2)认真执行待乘休息管理规定。出入公寓时进行酒精含量检测以及指纹录入，按规定办理出、入手续；对于 0:00—6:00 发车的当班列车，根据规定的等候时间和地点，至少卧床休息 4 h 以上。凡酒精测试不合格、未按规定待乘休息或身体不适者不得出勤，应立即停止办理出勤手续，并报有关部门领导，安排预备人员接班。

待乘休息时，必须准时到达公寓，并与值班员确认值乘车次、叫班时间、公寓门牌号、钥匙。对值乘车次、叫班时间、公寓门牌号及钥匙进行确认时，逐一复诵、检查确认。检查确认后，留在公寓休息。注意叫班时间。

(3)按规定参加外公寓技术业务学习，外出离寓时须执行请销假制度，叫班后按规定时间签认离寓。

学习活动 2　出勤

(1)动车组司机按规定整洁着装、佩戴有关标志，携带工作证、动车组驾驶证、岗位培训合格证和有关规章制度，到机车调度员处报到，接受指纹影像识别、酒精含量及身体机能测试，按规定领取司机报单、司机手册、添乘指导簿、列车时刻表、运行揭示、风险提示卡等行车资料和备品。

(2)认真核对运行揭示及有关安全注意事项，结合担当列车种类、天气等情况，做好安全预想，并记录于司机手册。认真听取出勤指导，将司机手册交机车调度员审核并签认。

(3)办理运行揭示和列车运行监控装置(简称 LKJ)专用 IC 卡(简称 IC 卡)交付手续时，对揭示内容和 IC 卡数据录入情况，必须实行出勤机班与机车调度员双审核、双确认的签认把关制度(值乘未装备 LKJ 的动车组时，可不办理 IC 卡交付手续)，做到不错不漏。

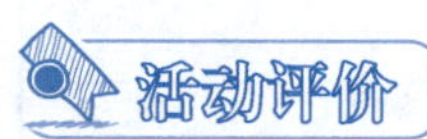

在学习完待乘与出勤流程后，每组派两位组员进行实操，相邻组派一名组员作为监督员根据活动评分表 3-1-1 评分，事后监督员说出扣分缘由。

表 3-1-1　活动评分表

序号	主要内容	考核要求	配分	评分标准	得分
1	休息	能够按规范在指定公寓休息	10	1. 未待乘或卧床休息不足 4 h 禁止出乘。 2. 未进行测酒不准待乘。 3. 21:00 时未卧床休息，扣 5 分。 4. 手机未关机，扣 5 分	
2	报到	能够按规定到派班室出勤报道	10	1. 报到来晚，扣 10 分。 2. 带酒气，严禁出乘。 3. 证件不全，禁止出乘。 4. 不按规定着装，动作、语言不规范不得分	
3	阅读揭示写入 IC 卡数据	能够规范核对运行揭示	20	1. 不共同核对揭示，扣 10 分。 2. 符号标记不正确，扣 5 分。 3. 不制定安全注意事项，扣 5 分	

续上表

序号	主要内容	考核要求	配分	评分标准	得分
3	阅读揭示写入IC卡数据	能够规范模拟行车办法和监控操作使用方法，核对过程中执行司机读IC卡数据	20	1. 不核对数据，扣10分。 2. 不模拟行车办法，扣10分	
		司机与调度员能够规范核对运行揭示	20	1. 揭示核对错漏或不核对不得分。 2. 对揭示内容不清楚，一项扣5分。 3. 不盖章，扣2分	
4	听取出勤指导	能够按规范出勤	20	1. 重点事项未记录，扣10分。 2. 未盖章，扣10分	
小组编号			合计(总分)		

任务评价

<table>
<tr><td colspan="2">任务名称</td><td colspan="3"></td></tr>
<tr><td colspan="2">小组成员</td><td></td><td>综合评分</td><td></td></tr>
<tr><td rowspan="10">学生自评</td><td colspan="4">理论任务完成情况</td></tr>
<tr><td>序号</td><td>知识考核点</td><td>自评意见</td><td>自评结果</td></tr>
<tr><td>1</td><td></td><td></td><td></td></tr>
<tr><td>2</td><td></td><td></td><td></td></tr>
<tr><td>3</td><td></td><td></td><td></td></tr>
<tr><td colspan="4">训练任务完成情况</td></tr>
<tr><td>项目</td><td>内容</td><td>评价标准</td><td>自评结果</td></tr>
<tr><td>训练准备</td><td></td><td></td><td></td></tr>
<tr><td>训练方法</td><td></td><td></td><td></td></tr>
<tr><td>质量考核</td><td></td><td></td><td></td></tr>
<tr><td>安全考核</td><td></td><td></td><td></td><td></td></tr>
<tr><td>学习小组评价</td><td colspan="4">□团队合作　□动手操作能力　□信息获取能力　□交流沟通能力
(根据完成任务情况填写：A优秀；B良好；C合格；D有待改进)</td></tr>
<tr><td>教师评价</td><td colspan="4"></td></tr>
</table>

练习与思考

1. 动车组司机严格执行一次乘务作业过程标准化程序对铁路行车安全有什么重要意义？

2. 动车组司机在出勤作业中应确认哪些内容？

3. 出勤时，动车组司机应携带(　　)和有关规章制度。

A. 工作证　　B. 驾驶证　　C. 岗位培训合格证

任务二　所内作业

任务导入

通过本项目任务一的学习，我们已经能够清楚认识动车组司机在出勤时的基本要求，接下来就要正式上车了，让我们一起来学习吧。

任务目标

1. 熟悉所内作业的流程。
2. 掌握司机室的检查作业程序。
3. 掌握动车组制动试验程序。

任务实施

动车组的型号基本组成如图 3-2-1 所示，请根据所学知识，标出其含义。

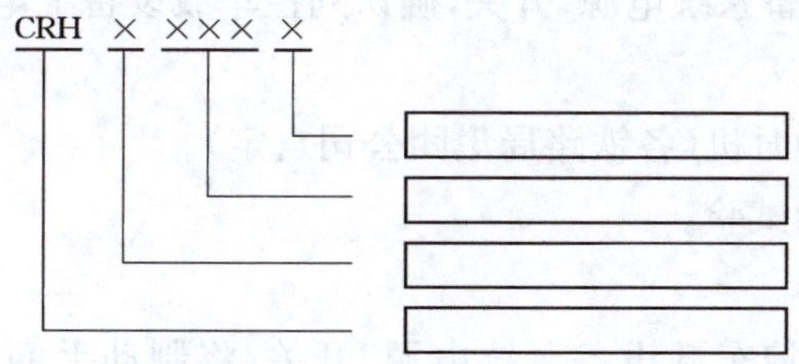

图 3-2-1　动车组型号基本组成

学习活动 1　认知司机室检查作业程序

1. 非出库端

(1)确认动车组型号正确，如图 3-2-2 所示。

图 3-2-2 动车组型号

(2)确认本端止轮器(图 3-2-3)设置状态。

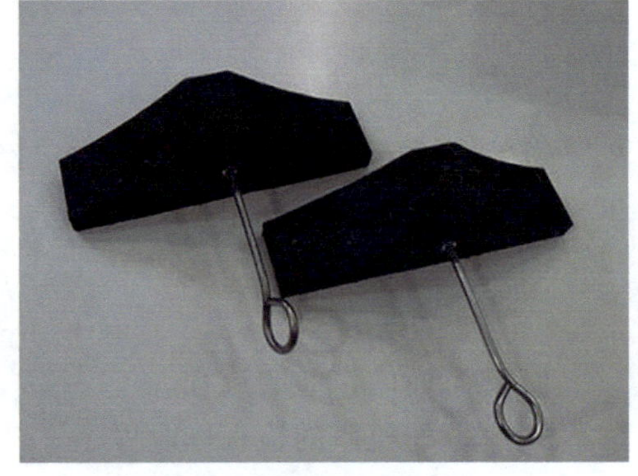

图 3-2-3 止轮器

(3)进入司机室,确认司机室配电盘、司机控制开关盘、操纵台各开关、手柄位置正确;闭合“列车无线”开关。

(4)投入主控钥匙解锁制动控制器,激活司机室。

(5)确认操纵台各指示灯显示正常。

(6)通过 MON 确认 EGS 断开,确认列车编组正确,发现当前故障信息及时通知随车机械师或动车所调度。

(7)根据随车机械师的要求选择相应的受电弓,升起受电弓后闭合主断路器,在进行升弓闭合主断操作前,应确认“准备未完”灯熄灭。

(8)确认网压在正常范围内。

(9)闭合“列控车载设备系统电源”开关,确认列控车载设备上电,总风压力大于 780 kPa,复位紧急制动。

(10)车辆制动试验的时机(各铁路局集团公司自定)。

(11)按规定进行制动试验。

(12)撤除本端止轮器。

(13)断开 CIR 及“列控车载设备系统电源”开关,将制动手柄置于拔取位,拔出主控钥匙,退出司机室占用,确认操纵台各开关、手柄位置正确。

(14)离开司机室时确认司机室门窗锁闭。

2. 出库端

(1)进入操纵端司机室,检查及作业程序参照非操纵端。

(2)制动手柄置于 B6 及以下级位,输入列控车载设备、CIR 有关数据。

(3)未装备停放制动装置的动车组在检修库外停放时，动车组司机按规定撤除防溜，并通知随车机械师确认签字后方可动车。

学习活动 2　认知动车组制动试验程序

(1)动车组停车后，用主控钥匙打开制动控制器，将制动手柄移至“快速”位，如图 3-2-4 所示。

图 3-2-4　制动手柄“快速”位

(2)按压紧急制动复位开关(UBRS)，故障显示灯“紧急制动”灯熄灭，如图 3-2-5 所示。

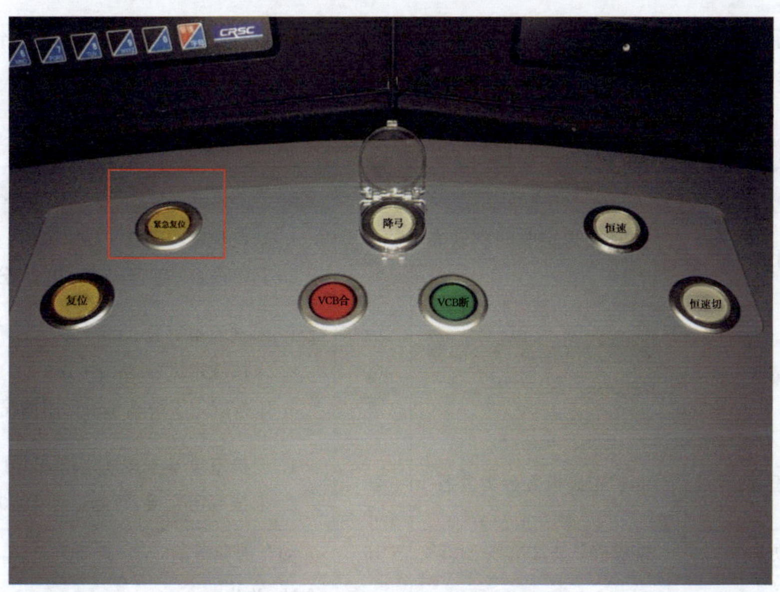

图 3-2-5　紧急制动复位开关

(3)通过 MON 显示器/双针压力表确认 MR 压力大于 780 kPa,如图 3-2-6 所示。

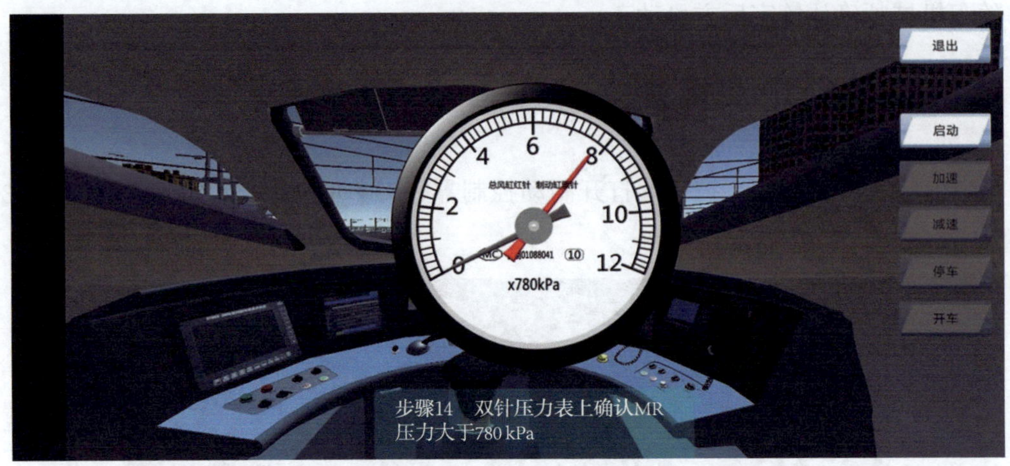

图 3-2-6 MR 压力表

(4)进行制动试验。

①制动手柄"快速"位,确认各车 BC 压力不小于 210 kPa。

②制动手柄移置"运行"位,确认各车 BC 压力为 0。

③制动手柄移置"B7"位,确认各车 BC 压力不小于 140 kPa。

④制动手柄移置"B4"位,确认各车 BC 压力不小于 90 kPa。

⑤制动手柄移置"B1"位,确认各车 BC 压力不小于 40 kPa。

⑥试验完毕,将制动手柄移至"B4"位。

活动评价

在学习完所内作业流程后,每组派两位组员进行实操,相邻组派一名组员作为监督员根据活动评分表 3-2-1 评分,事后监督员说出扣分缘由。

表 3-2-1 活动评分表

序号	主要内容	考核要求	配分	评分标准	得分
1	交接手续	能够按规定时间到动车段交接	20	1. 未按规定时间接车,扣 10 分。 2. 交接内容一项不清楚,扣 10 分	
2	制动试验	能够按规范进行全部制动试验	50	1. 未试验不得分。 2. 未按规定试验,扣 20 分。 3. 未按规定了解动车组运用情况,扣 5 分	
3	参数设置	能够正确设置各类参数	20	1. 司机室设备未按规定检查,扣 10 分。 2. 未按规定交接,每漏一项扣 10 分	
4	撤除防溜	能够确认防溜措施已撤除	10	动车前准备漏一项,扣 3 分	
小组编号			合计(总分)		

任务评价

<table>
<tr><td colspan="2">任务名称</td><td colspan="4"></td></tr>
<tr><td colspan="2">小组成员</td><td colspan="2"></td><td>综合评分</td><td></td></tr>
<tr><td rowspan="12">学生自评</td><td colspan="5">理论任务完成情况</td></tr>
<tr><td>序号</td><td>知识考核点</td><td colspan="2">自评意见</td><td>自评结果</td></tr>
<tr><td>1</td><td></td><td colspan="2"></td><td></td></tr>
<tr><td>2</td><td></td><td colspan="2"></td><td></td></tr>
<tr><td>3</td><td></td><td colspan="2"></td><td></td></tr>
<tr><td colspan="5">训练任务完成情况</td></tr>
<tr><td>项目</td><td>内容</td><td colspan="2">评价标准</td><td>自评结果</td></tr>
<tr><td>训练准备</td><td></td><td colspan="2"></td><td></td></tr>
<tr><td>训练方法</td><td></td><td colspan="2"></td><td></td></tr>
<tr><td>质量考核</td><td></td><td colspan="2"></td><td></td></tr>
<tr><td>安全考核</td><td></td><td colspan="2"></td><td></td></tr>
<tr><td colspan="5"></td></tr>
<tr><td>学习小组评价</td><td colspan="5">□团队合作　□动手操作能力　□信息获取能力　□交流沟通能力
（根据完成任务情况填写：A 优秀；B 良好；C 合格；D 有待改进）</td></tr>
<tr><td>教师评价</td><td colspan="5"></td></tr>
</table>

练习与思考

1. 简述 CRH380A 型动车组制动试验方法。

2. 查阅书籍，归纳总结 CRH1 型、CRH2 型、CRH3C 型、CRH5 型动车组制动试验方法。

任务三　出段(所)作业

通过本项目任务二的学习,我们已经能够熟练掌握在动车段(所)中的作业流程,接下来准备出段(所)作业了,让我们一起来学习吧。

任务目标

1. 了解出段(所)作业流程。
2. 熟悉进站停车作业。

任务实施

运行途中,司机需要不断呼唤应答,手比确认,时刻注意机车各仪表状态,做到眼观六路,耳听八方。请根据所学知识,在表 3-3-1 中写出呼唤项目以及确认呼唤标准用语。

表 3-3-1　呼唤项目表

序号	呼唤时机	呼唤项目	确认呼唤标准用语
1	升弓前		
2	具备升弓条件		
3	升弓后		
4	防溜确认		
5	出段前		
6	调车信号前		
7	调车复示信号前		
8	尽头线走行		
9	行车安全装备数据输入		
10	发车前		
11	列车起动后		
12	列车出站越过最外方道岔后		

学习活动 1　出段(所)

动车组动车前使用车内广播设备预告,和随车机械师联系确认;与动车段(所)或车站联控,了解出段(所)经路;确认地面信号已开放,关门灯点亮,鸣笛动车,按规定的时刻出段(所)或车站出发。严格执行确认呼唤应答制度。

联控用语:“动车所信号楼,××道 G(高)××次作业完毕,请求出所。”

(1)按调车方式出段(所)时，严格执行先联控后动车，由近及远确认信号，严守速度。按列车方式出段(所)时，确认行车凭证正确，按规定执行车机联控。

(2)动车组调车作业时，司机应在运行方向的前端操作；在不得已情况下必须在后端操作时，应指派随车机械师或其他胜任人员站在动车组运行方向的前端指挥，发现危及行车或人身安全时，应立即使用紧急停车按钮(紧急制动装置)或通知司机停车。

(3)在动车段(所)内运行遇 ATP 输出制动停车时，司机须与车站(段、所)联控确认后，方可继续运行。

(4)遇雨雪冰霜等不良天气，动车组段(所)内出库时，应选择适当地点施加制动，观察制动效果，确认制动状态。出段(所)后不得进行换弓作业，特殊情况下根据随车机械师要求进行换弓操作。

学习活动 2　进站停车

(1)进站停车时，按列车编组一次稳、准对标停车，停妥后使列车保持制动状态。司机根据列车长的通知，集控开启站台侧车门。

(2)由地勤司机担当动车组出段(所)，交接班司机按照在站交接与继乘标准办理交接。

(3)站、所走行，逐一确认呼唤调车信号，须进入尽头线时，应加强瞭望、确认，不得进入距尽头线或接触网终点标 10 m 内，遇特殊情况必须进入时，应严格控制速度。

在学习完成出段(所)流程后，每组派两位组员进行实操处理，相邻组派一名组员根据活动评分表 3-3-2 评分，事后监督员说出扣分缘由。

表 3-3-2　活动评分表

序号	主要内容	考核要求	配分	评分标准	得分
1	出段作业	能够按规范进行车站联控操作作业	30	1. 出所晚点不得分。 2. 不进行联控，扣 30 分。 3. 不确认领车人员手信号不得分	
2		能够正确执行呼唤应答制度	20	1. 不执行手指、确认、呼唤制度不得分。 2. 呼唤漏一项，扣 5 分	
3		能够按规范进行调车方式出段(所)作业	20	1. 未执行呼唤制度不得分。 2. 漏呼唤一项，扣 5 分。 3. 未确认信号不得分。 4. 调车走行超速不得分	
4		能够按规范进行特殊天气出段(所)作业	10	1. 未正确施加制动不得分。 2. 未按要求进行换弓作业不得分	

续上表

序号	主要内容	考核要求	配分	评分标准	得分
5	停车作业	能够按规范进行进站停车作业	20	1. 未在规定地点停车,扣10分。 2. 停车后未实施制动不得分。 3. 未按规定开门,扣5分。 4. 开错车门,扣8分	
小组编号			合计(总分)		

任务评价

<table>
<tr><td>任务名称</td><td colspan="4"></td></tr>
<tr><td>小组成员</td><td colspan="2"></td><td>综合评分</td><td></td></tr>
<tr><td rowspan="11">学生自评</td><td colspan="4">理论任务完成情况</td></tr>
<tr><td>序号</td><td>知识考核点</td><td>自评意见</td><td>自评结果</td></tr>
<tr><td>1</td><td></td><td></td><td></td></tr>
<tr><td>2</td><td></td><td></td><td></td></tr>
<tr><td>3</td><td></td><td></td><td></td></tr>
<tr><td colspan="4">训练任务完成情况</td></tr>
<tr><td>项目</td><td>内容</td><td>评价标准</td><td>自评结果</td></tr>
<tr><td>训练准备</td><td></td><td></td><td></td></tr>
<tr><td>训练方法</td><td></td><td></td><td></td></tr>
<tr><td>质量考核</td><td></td><td></td><td></td></tr>
<tr><td>安全考核</td><td></td><td></td><td></td></tr>
<tr><td>学习小组评价</td><td colspan="4">□团队合作 □动手操作能力 □信息获取能力 □交流沟通能力
(根据完成任务情况填写:A优秀;B良好;C合格;D有待改进)</td></tr>
<tr><td>教师评价</td><td colspan="4"></td></tr>
</table>

练习与思考

简述司机在出段(所)时的作业流程。

任务四　发车准备与发车

任务导入

通过本项目任务三的学习，我们已经能够熟练掌握在出段（所）作业流程，接下来准备要发车了，让我们一起来学习吧。

任务目标

1. 掌握列控车载设备参数的设置。
2. 熟悉发车作业流程。

任务实施

学习活动 1　设置列控车载设备参数

（1）对 CIR、GSM-R 手持终端注册列车车次；选定 CIR 设备运行区段和工作模式；装备 LKJ 的动车组，将 IC 卡数据载入 LKJ，正确输入 LKJ 参数。CIR 操作显示终端如图 3-4-1 所示。

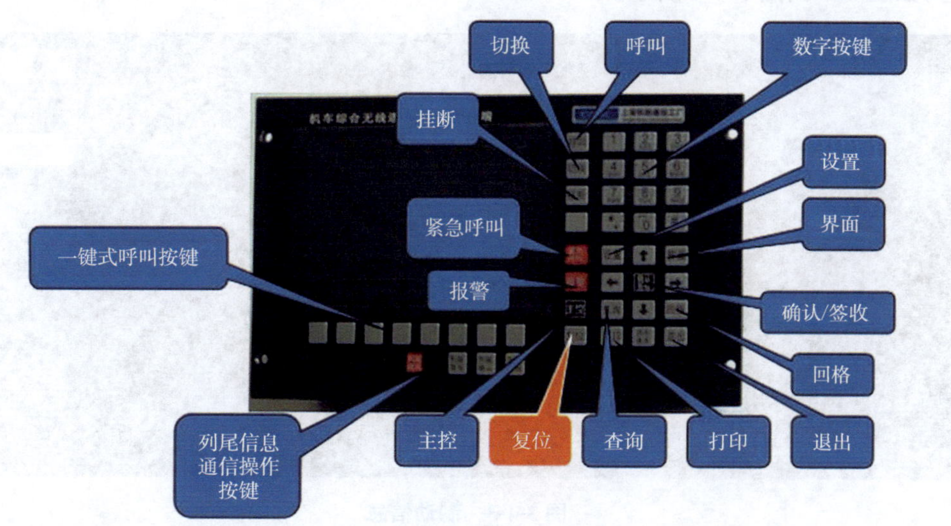

图 3-4-1　CIR 操作显示终端

（2）在 CTCS-0/1 级区段的车站始发开车，按 LKJ 方式行车；在 CTCS-2/3 级区段的车站始发开车，选择 C2 级【部分监控】模式开车，如图 3-4-2 所示。

（3）确认操纵台各仪表、显示屏显示正常，各开关、手柄位置正确，司机室各门窗处于锁闭状态。

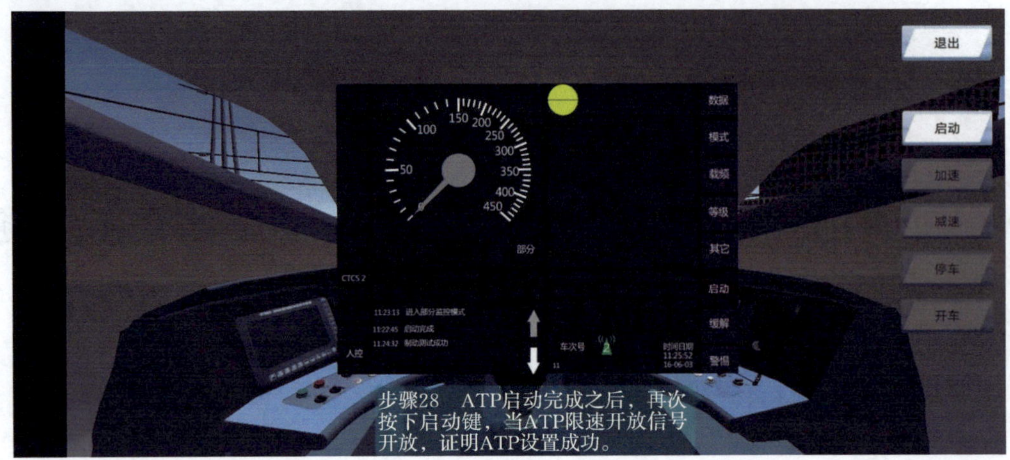

图 3-4-2 C2 级模式

学习活动 2 发车作业

(1)确认行车凭证和开车时间，车门关闭后，准确呼唤，按规定车机联控，鸣笛起动列车。

(2)始发站提前进行发车准备，确认操纵台各仪表、显示屏显示正常，各开关、手柄位置正确，复核 CIR、LKJ 参数和 ATP 等级、模式设置正确，缓解停放制动，司机室各门窗处于锁闭状态，如图 3-4-3、图 3-4-4 所示。

图 3-4-3 制动信息

(3)起车时，牵引手柄在“1”位稍作停留(图 3-4-5)，再根据目标速度选择适当级位，做到起车稳、加速快。上坡道起车时，不具备保持制动功能的动车组，可先将牵引手柄置适当级位后，再缓解制动。

(4)装备 LKJ 的动车组，在规定的地点进行 LKJ 数据对标(按压【开车】键)。按列控车载设备方式行车，确认模式转换。

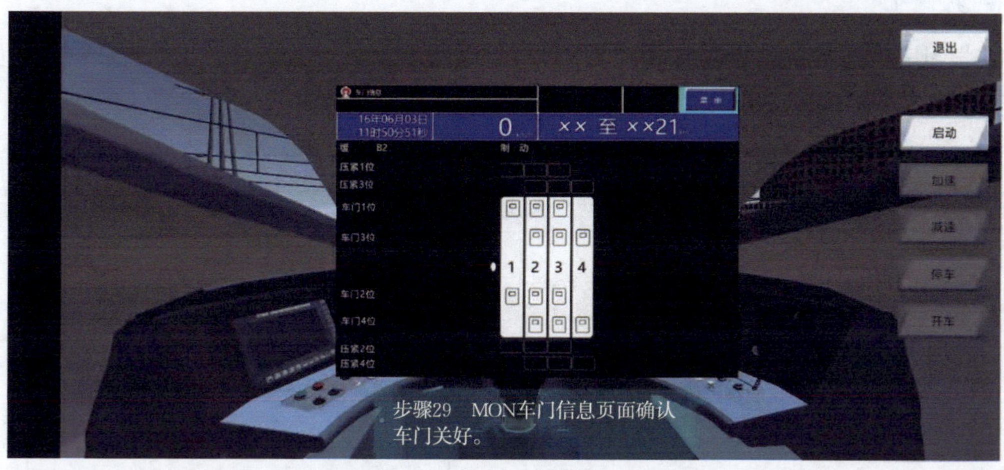

图 3-4-4　车门信息

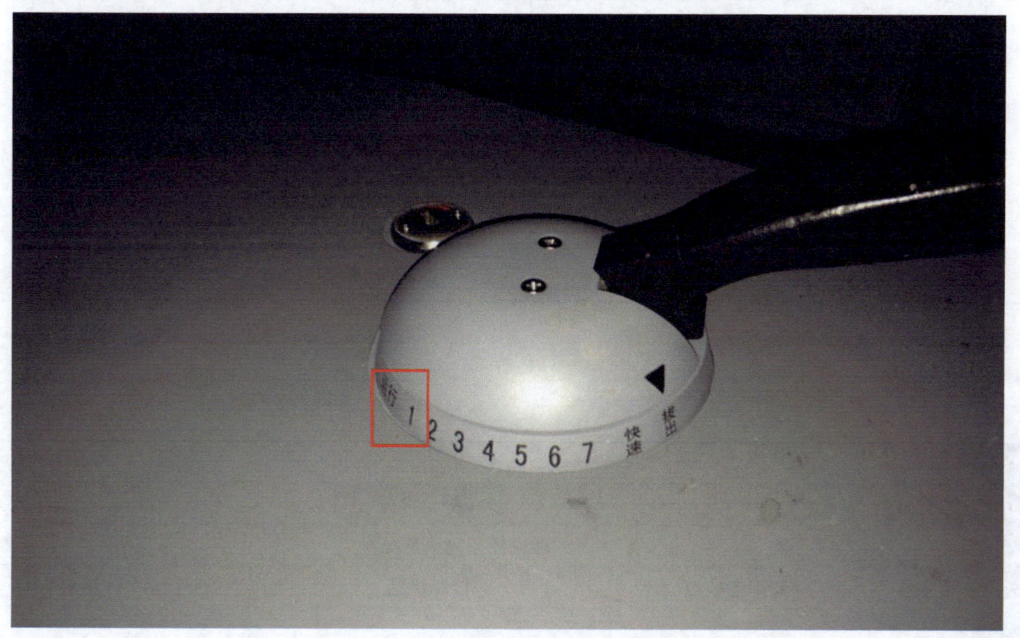

图 3-4-5　牵引手柄“1”位

学习活动 3　按规定对登乘动车组司机室人员进行登记

司机按登乘动车组司机室管理办法，将登乘人员姓名、职务、单位、登乘区段在司机手册上登记，并向机务段调度室汇报；动车组司机室必须严格控制登乘人数，除特殊情况外登乘人数不得超过 2 人。

在学习完发车准备与发车作业流程后，每组派两位组员进行实操，相邻组派一名组员作为监督员根据活动评分表3-4-1评分，事后监督员说出扣分缘由。

表 3-4-1　活动评分表

序号	主要内容	考核要求	配分	评分标准	得分
1	发车准备	能够规范设置列控车载设备参数	30	1. CIR、ATP数据输入错误不得分。 2. 执行不标准，扣5分。 3. 呼唤漏一项，扣3分	
		能够正确选择行车模式	20	不同区段选择行车模式错误不得分	
2	发车作业	能够规范完成起车操作	20	1. 不按规定操作牵引手柄，扣10分。 2. 不按规定发车，扣5分。 3. 产生“推背感”，扣5分	
		能够规范完成发车作业	30	1. 不确认行车凭证不得分。 2. 操纵不规范，扣10分。 3. 各操纵开关和手柄位置不正确不得分。 4. 物品未按定置管理要求摆放，扣10分。 5. 开车前未按规定呼唤“车门关闭，信号开放”，扣5分	
小组编号			合计(总分)		

任务评价

<table>
<tr><td colspan="2">任务名称</td><td colspan="3"></td></tr>
<tr><td colspan="2">小组成员</td><td></td><td>综合评分</td><td></td></tr>
<tr><td rowspan="12">学生自评</td><td colspan="4">理论任务完成情况</td></tr>
<tr><td>序号</td><td>知识考核点</td><td>自评意见</td><td>自评结果</td></tr>
<tr><td>1</td><td></td><td></td><td></td></tr>
<tr><td>2</td><td></td><td></td><td></td></tr>
<tr><td>3</td><td></td><td></td><td></td></tr>
<tr><td colspan="4">训练任务完成情况</td></tr>
<tr><td>项目</td><td>内容</td><td>评价标准</td><td>自评结果</td></tr>
<tr><td>训练准备</td><td></td><td></td><td></td></tr>
<tr><td>训练方法</td><td></td><td></td><td></td></tr>
<tr><td>质量考核</td><td></td><td></td><td></td></tr>
<tr><td>安全考核</td><td></td><td></td><td></td></tr>
</table>

学习小组评价	□团队合作　□动手操作能力　□信息获取能力　□交流沟通能力 （根据完成任务情况填写：A优秀；B良好；C合格；D有待改进）
教师评价	

练习与思考

动车组司机在车站起动列车前有哪些注意事项呢？

任务五　途中作业

任务导入

运行中应参照列车操纵示意图、提示卡操纵列车，严格执行确认呼唤和联控制度，做到“彻底瞭望、确认信号、准确呼唤、手比眼看”。服从命令，听从指挥，牢固树立安全、正点意识。遵守列车运行图规定的运行时刻和各项允许及限制速度。接下来让我们一起来学习途中作业吧。

任务目标

1. 掌握运行中操纵要求。
2. 掌握列车进站停车作业流程。

任务实施

运行途中，司机需要不断呼唤应答，手比确认，时刻注意各仪表状态。信号确认呼唤时机应遵循“信号好了不早呼、信号未好提前呼”的原则，瞭望条件良好时，进站（进路）信号不少于800 m；出站、通过、接近、预告信号不少于600 m；信号表示器不少于100 m。根据所学知识，正确做出手比姿势，并将图片贴在表3-5-1中相应图框。

表3-5-1　呼唤应答规范

序号	呼唤时机	手比规范	手比姿势
1	信号显示要求通过（显示绿灯、绿黄灯）时	右手伸出食指和中指并拢，拳心向左，指向确认对象	
2	信号显示要求正向径路准备停车（显示黄灯）时	右手拢拳伸拇指直立，拳心向左	

续上表

序号	呼唤时机	手比规范	手比姿势
3	信号显示要求侧向径路运行(显示双黄灯、黄闪黄)时	右手拢拳伸拇指和小指,拳心向左	
4	信号显示要求停车(显示红灯,包括固定和临时)时	右臂拢拳,举拳与眉齐,拳心向左,小臂上下摇动 3 次	
5	注意警惕运行时	右臂拢拳,大小臂成 90°,举拳与眉齐,拳心向左	
6	确认仪表显示时	右手伸出食指和中指并拢,拳心向左,指向相关确认设备	
7	确认非集中操纵道岔、各类手信号、防护信号(脱轨器)时	右手伸出食指和中指并拢,拳心向左,指向确认的非集中操纵道岔、各类手信号、防护信号(脱轨器)	
8	列车运行中,LKJ 提示前方列车运行限制速度有变化时,司机必须在变速点前,对变化的速度值及时进行确认呼唤时	右手伸出食指和中指并拢,拳心向左,指向 LKJ 显示部位	

学习活动 1　认知列车操纵示意图、列车操纵提示卡

(1)铁路局集团公司应根据担当牵引区段、动车组类型、区间运行时分等组织编制列车操纵示意图,机务段负责编制作业指导书和操纵提示卡。

(2)列车操纵示意图(图 3-5-1)应包括以下内容:

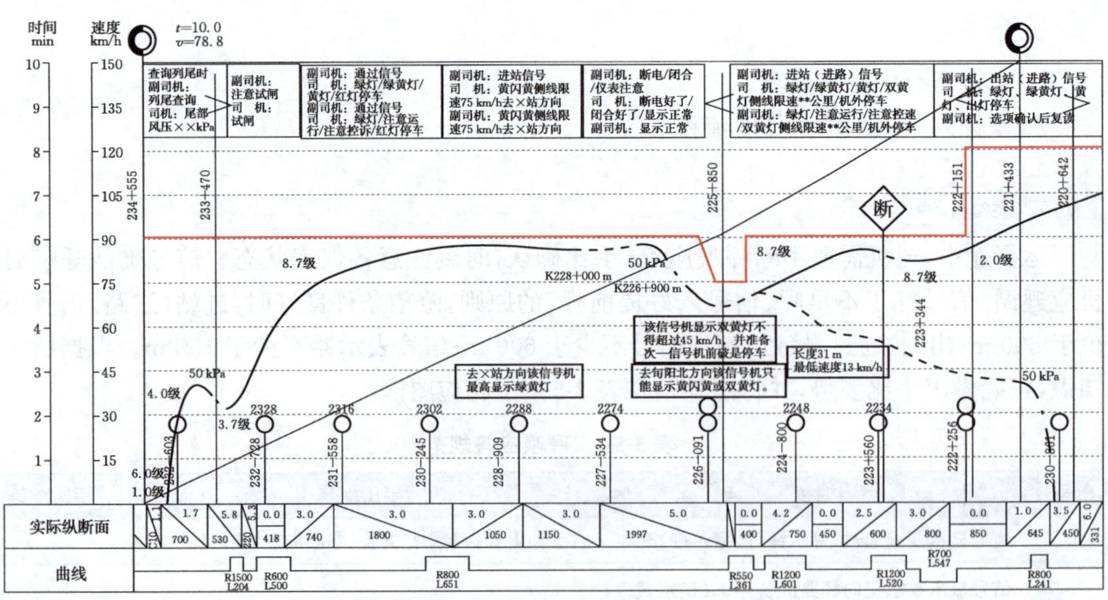

图 3-5-1　列车操纵示意图

①列车运行速度曲线；②运行时分曲线；③线路纵断面和信号机（区间信号标志牌）位置；④站场平面示意图；⑤主控（牵引、制动）手柄级位变化、恒速功能使用地点；⑥区间限制速度及区段内各站道岔的限制速度；⑦接触网分相区地点；⑧区间中继站地点；⑨RBC 管辖范围；⑩级间切换点；⑪线路里程长短链地点；⑫通信模式转换及线路切换地点；⑬停车位置标地点。

(3)列车操纵提示卡（图 3-5-2）应包括以下内容：

①区间里程；②运行时分；③平均速度；④站场示意图含到发线有效长度、停车位置标设置、道岔限速、站中心里程、股道有无接触网等内容；⑤主控（牵引、制动）手柄级位变化、恒速功能使用地点；⑥动车组过分相操作；⑦特殊困难区段操作（含通过困难分相最低速度要求）；⑧安全注意事项。

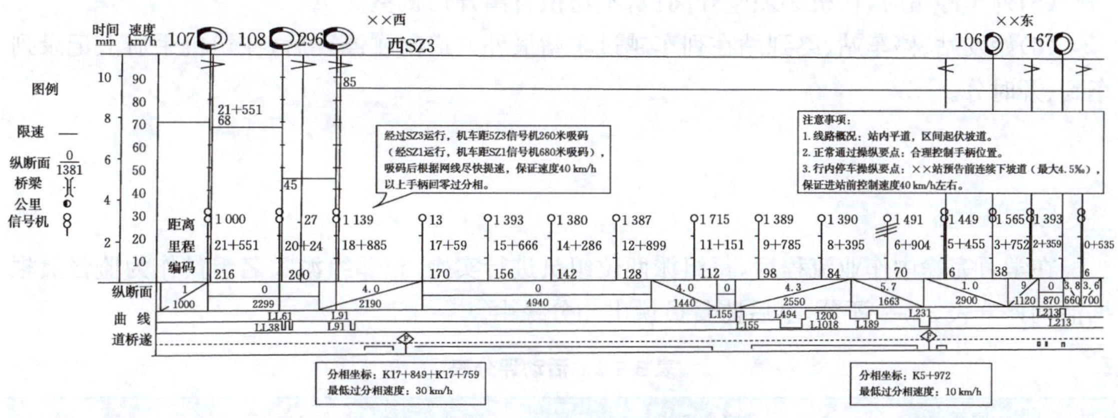

图 3-5-2　列车操纵提示卡

学习活动 2　认知运行中操纵要求

经济合理操纵动车组列车，做到安全正点、运行平稳、停车准确、节能环保。

(1)列车起动后应根据目标速度及时加速，适时使用恒速功能，保持列车匀速运行。遇恒速功能作用不良时，调整牵引手柄级位，控制动车组按规定速度运行。

(2)正常情况下，增加或减少牵引力、制动力时，主控（牵引或制动）手柄应逐步进行。牵引、制动工况转换时应在“0”位（切位，下同）稍作停留。牵引“1”位（最小牵引位，下同）、制动“1”位（最小制动位，下同）与“0”位转换时，应在牵引“1”位、制动“1”位稍作停留。

(3)实施常用制动时，应结合列车速度、线路情况、目标速度、目标距离等条件，准确掌握制动时机和制动级位，在列车产生初步制动力后再逐步增加制动力，避免频繁往复操作制动手柄，保持列车均匀减速。

(4)列车运行中或未停稳前，严禁换向操作；中间站停车时，换向手柄不得置“0”位（CRH1 型动车组不得按压“倒车”按钮）。

学习活动 3 列车进站停车作业

列车进站停车时，应遵守下列规定：

(1)列车进站前，按规定进行车机联控或确认 CIR 进路预告信息，确认进站凭证、ATP 显示的允许运行速度值，控制列车运行速度。

(2)列车进站后，根据列车编组确认停车位置。

(3)正常情况下，应稳定使用中级挡位以下的制动，随着速度的降低，逐级回到制动“1”位停车。

(4)一次稳准对标停车，停车后保持制动状态，确认站台方向，按规定执行开门操作。

(5)列车停留时，司机必须坚守岗位，不得擅自离开司机室。

(6)始发站、停车站、终到站在列车越过车站最外方道岔或停妥后，在司机手册上记录列车到、开时分。

活动评价

在学习完途中作业流程后，每组派两位组员进行实操，相邻组派一名组员作为监督员根据活动评分表 3-5-2 评分，事后监督员说出扣分缘由。

表 3-5-2 活动评分表

序号	主要内容	考核要求	配分	评分标准	得分
1	列车操纵	能够正确根据列车操纵示意图操纵列车	20	1. 违反一项，扣 5 分。 2. 未执行“车机联控”，扣 10 分。 3. 未执行呼唤应答，扣 10 分	
		能够按照规范完成司机室操纵内容	10	1. 不按规定确认仪表显示，扣 2 分。 2. 分析异常未及时记入运行日志，扣 2 分	
		能够按照规范正确操纵列车行驶	10	1. 一次操作不规范，扣 2 分。 2. 运行晚点，扣 2 分。 3. 未按规恒速运行，扣 1 分	
		能够按照规范停车	10	1. 停车后司机为采取制动措施不得分。 2. 换室操纵时未进行简略试验不得分。 3. 运行中错误使用紧急制动不得分	
2	瞭望及呼唤	能够按照规范在行车中瞭望、呼唤、鸣笛	5	1. 一站次未呼唤，扣 2 分。 2. 一次未按规定鸣笛，扣 2 分	

续上表

序号	主要内容	考核要求	配分	评分标准	得分
2	瞭望及呼唤	能够按照规范在列车进站、通过运转室、出站，分别鸣笛一长声，并注意接车人员手信号	5	一站未执行，一项扣3分	
		能够按照规范在局间分界站及起、停车报点	5	未按规定报点，一次扣2分	
3	中间站停车	能够按照规范进行进站停车时制动机的使用	10	1. 违反一项，扣2分。 2. 发生险情不得分	
		能够正确按照停车标志停车，并做到一次稳准停妥	20	1. 停车位置未对标，扣3分。 2. 错误选择站台、错开车门不得分。 3. 停车错误对标不得分。 4. 集控故障未通知列车长、随车机械师不得分	
		能够按照规范进行中间站停留操作	5	1. 中间站停车未制动，扣5分。 2. 司机擅离司机室不得分。 3. 夜间会车违反规定，扣2分	
小组编号			合计(总分)		

任务评价

任务名称				
小组成员			综合评分	
学生自评	理论任务完成情况			
	序号	知识考核点	自评意见	自评结果
	1			
	2			
	3			
	训练任务完成情况			
	项目	内容	评价标准	自评结果
	训练准备			
	训练方法			
	质量考核			
	安全考核			

学习小组评价	□团队合作　□动手操作能力　□信息获取能力　□交流沟通能力 (根据完成任务情况填写:A 优秀;B 良好;C 合格;D 有待改进)
教师评价	

练习与思考

列车运行过程中,司机应遵循哪些安全注意事项?

任务六　终到、入段(所)及退勤作业

任务导入

通过本项目任务五的学习,我们已经能够熟练掌握列车运行途中作业流程,接下来列车马上要进站了,让我们来进行入段及退勤作业吧。

任务目标

1. 掌握终到、入段流程。
2. 掌握退勤作业流程。

任务实施

学习活动 1　终到、入段(所)

(1)动车组列车终到站停车后,保持列车制动状态,按规定开启车门,与随车机械师交接司机室驾驶操纵设备技术状态并在“动车组故障交接记录单”上签认。接到列车长关门通知后,关闭车门,确认行车凭证,按规定执行车机联控,鸣笛入段(所)。

(2)按调车方式入段(所)时,装备 LKJ 的动车组将 LKJ 转为规定工作状态,未装备 LKJ 的动车组选择 C2 级【调车】模式。按列车方式入段(所)时,在 CTCS-2/3 级区段,选择 C2 级【部分监控】模式发车。

(3)遇动车组通过检修、检测、清洗等设备时,应按相关规定,执行一度停车、联控、换弓、限速等要求。

(4)动车组入段(所)后应停放在指定地点,按规定办理防溜、交接手续。

学习活动 2　退勤作业

(1)正确填写司机报单,按规定转储相关数据。

(2)退勤时,接受酒精含量测试,向机车调度员汇报本次值乘的安全及运行情况,对运行中发生的非正常情况按规定填写“机车运转关系事故概况报告”(机调-10),交回司机报单、司机手册、添乘指导簿、列车时刻表、运行揭示等行车资料和备品,办理退勤手续。

在学习完终到、入段及退勤作业流程后,每组派两位组员进行实操,相邻组派一名组员作为监督员根据活动评分表 3-6-1 评分,事后监督员说出扣分缘由。

表 3-6-1　活动评分表

序号	主要内容	考核要求	配分	评分标准	得分
1	入所作业	入段(所)动车前与随车机械师联系,确认关门灯点亮;确认入段(所)信号、股道号码信号、道岔开通信号、道岔标志显示正确,厉行呼唤,鸣笛动车入所段(所)。站段(所)分界点设有闸楼的在闸楼处停车,签认入段(所)时分,了解并掌握所内走行径路	20	1. 未执行联系制度动车不得分。 2. 漏呼唤一项,扣 2 分。 3. 未确认信号不得分	
		段(所)内走行要严格控制速度,确认股道开通及信号显示正确	15	1. 调车超过限制速度不得分。 2. 未执行信号呼唤制度不得分	
		动车组入段(所)后应停放在指定地点,并与地勤司机办理交接,到动车所调度室退勤	15	1. 未按规定交接不得分。 2. 交接漏项,每漏一项扣 5 分	
2	退勤	向监控分析员了解本次乘务监控记录分析情况,结合本次乘务作业标准及乘前安全正点措施兑现情况进行总结	10	1. 不了解监控分析情况,扣 5 分。 2. 未总结,扣 10 分。 3. 总结不认真,扣 5 分	

续上表

序号	主要内容	考核要求	配分	评分标准	得分
2	退勤	填写并核对司机报单	10	1. 报单丢失、损坏不得分。 2. 报单填记每错一处，扣2分	
		司机：报告（调度员起立）××动车组，司机××，随乘司机××担当××次退勤	10	未执行规定，着装不整，动作、语言不规范不得分	
		测酒，司机汇报本次乘务安全及运行情况，反馈安全及联控信息，交回司机手册、报单（在外段退勤时，途中发生安全或联控信息及时反馈本段）	10	1. 未测酒，扣10分。 2. 未反馈安全信息，扣10分	
		调度员检查司机手册、报单填写无误，确认监控装置转录无违章后签到退勤	10	1. 司机手册、报单漏、错一项，扣5分。 2. 监控记录发现“两违”不得分	
小组编号			合计（总分）		

任务评价

<table>
<tr><td>任务名称</td><td colspan="4"></td></tr>
<tr><td>小组成员</td><td colspan="2"></td><td>综合评分</td><td></td></tr>
<tr><td rowspan="11">学生自评</td><td colspan="4">理论任务完成情况</td></tr>
<tr><td>序号</td><td>知识考核点</td><td>自评意见</td><td>自评结果</td></tr>
<tr><td>1</td><td></td><td></td><td></td></tr>
<tr><td>2</td><td></td><td></td><td></td></tr>
<tr><td>3</td><td></td><td></td><td></td></tr>
<tr><td colspan="4">训练任务完成情况</td></tr>
<tr><td>项目</td><td>内容</td><td>评价标准</td><td>自评结果</td></tr>
<tr><td>训练准备</td><td></td><td></td><td></td></tr>
<tr><td>训练方法</td><td></td><td></td><td></td></tr>
<tr><td>质量考核</td><td></td><td></td><td></td></tr>
<tr><td>安全考核</td><td></td><td></td><td></td></tr>
<tr><td>学习小组评价</td><td colspan="4">□团队合作 □动手操作能力 □信息获取能力 □交流沟通能力
（根据完成任务情况填写：A优秀；B良好；C合格；D有待改进）</td></tr>
<tr><td>教师评价</td><td colspan="4"></td></tr>
</table>

练习与思考

1. 思考退勤机班到达派班室后，怎么开好退勤小组会？

2. 退勤时，应填写哪些报表？检查哪些资料？

项目四

动车组重联及解编、救援

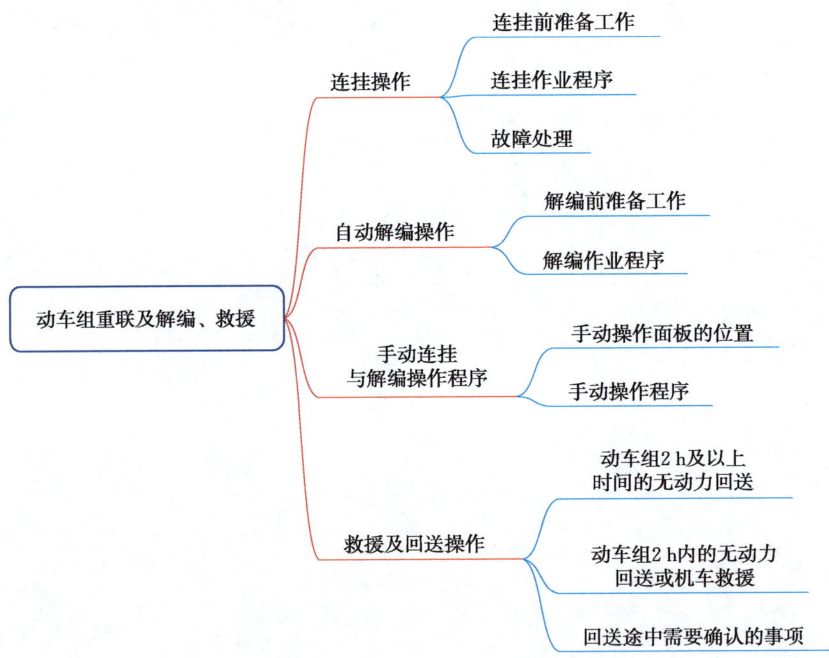

知识目标

1. 掌握动车组连挂操作原理。
2. 掌握动车组的自动解编操作原理。
3. 掌握动车组解编手动操作程序。
4. 掌握救援及回送操作。

能力目标

1. 能够准确、规范地进行动车组自动连挂作业。
2. 能够熟练进行动车组的自动解编作业。
3. 能够熟练进行动车组的手动连挂和解编作业。
4. 能够掌握动车组的救援及回送作业。

素质目标

1. 具有学习新技术、勇于创新和开拓的意识。
2. 具有严谨认真的科学态度。
3. 具有遵守纪律、安全正点的职业精神。

项目描述

连挂与解编系统是动车组的一个重要组成部分，将直接影响动车组的营运效率。本项目主要以 CRH380A 型动车组动态连挂、解编、救援、回送为任务展开学习。

任务一　连挂操作

任务导入

动车组在运行前必须进行连挂操作，连挂可以在司机室自动进行，紧急情况下也可以手动操作。连挂作业要求司机与随车机械师共同进行，司机负责操纵动车组，随车机械师负责检查连接装置和显示信号。本任务主要学习连挂的具体操作及注意事项。

任务目标

1. 了解连挂前准备工作。
2. 熟悉连挂作业程序。
3. 掌握连挂与解编装置构成。

任务实施

动车组连挂示意如图 4-1-1 所示。

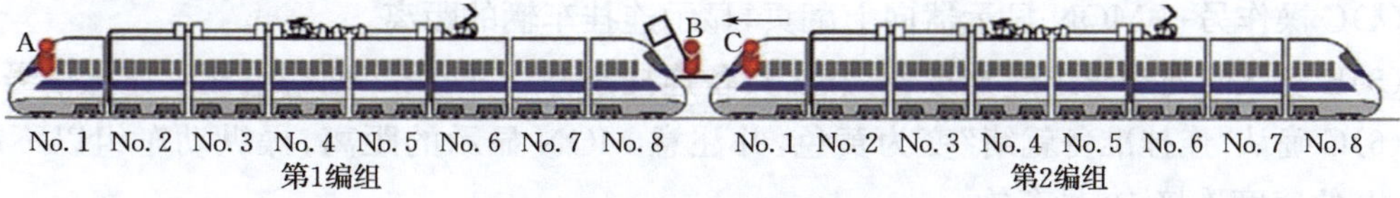

图 4-1-1　动车组连挂示意

A—第 1 编组司机[负责连挂后的驾驶(连挂时无特别操作)]；B—第 1 编组随车机械师(进行连挂时的辅助操作)；C—第 2 编组司机(负责连挂时的驾驶)

学习活动 1　连挂前准备工作

动车组第 1 编组进入连挂线路停车，将制动手柄置"B7"位，随车机械师换端操作。

动车组第 2 编组进入连挂线路，距离第 1 编组 10 m 左右停车，如图 4-1-2 所示。

图 4-1-2　连挂准备

分别确认两重联动车组连挂端"MXRN1 断路器(联解分控)"和"MXRN3 断路器(联解控制)"处于闭合位置。

学习活动 2　连挂作业程序

(1)B 进入第 1 编组 8 车司机室，按下"连挂准备"按钮，连挂动作开始。MON 自动进入"联解编组信息"页面。MON 依次显示"连挂准备—打开头罩锁—打开头罩—锁住头罩—连挂准备完成"。解除前端罩盖锁定，打开前端罩盖并锁定。

(2)B 下车确认第 1 编组罩盖打开状态，检查 10 型车钩、电气连接器状态良好。A 操作第 1 编组 1 车的 MON，查看连挂信息。

(3)C 按下第 2 编组 1 车"连挂准备"开关，MON 显示器自动进入"联解编组信息"页面。MON 上依次显示"连挂准备—打开头罩锁—打开头罩—锁住头罩—连挂准备就绪"。动车组自动解除前端罩盖锁定，打开前端罩盖并锁定，如图 4-1-3 所示。

(4)C 操作另一 MON 显示器向上翻页，显示连挂车辆的距离。

(5)B 确认两列动车组连挂准备完成，具备连挂条件后，向第 2 列编组显示连挂信号。

(6)C 确认"连挂准备就绪"变为黄色，并注意 MON 显示的距离，操纵动车组以不超过 5 km/h 的速度连接 10 号车钩。

(7)A、C 通过 MON 显示器确认，密接连杆退回、总风管气压开关、连挂完成依次变为绿色。C 确认连挂完成后，第 2 列编组自动起紧急制动。

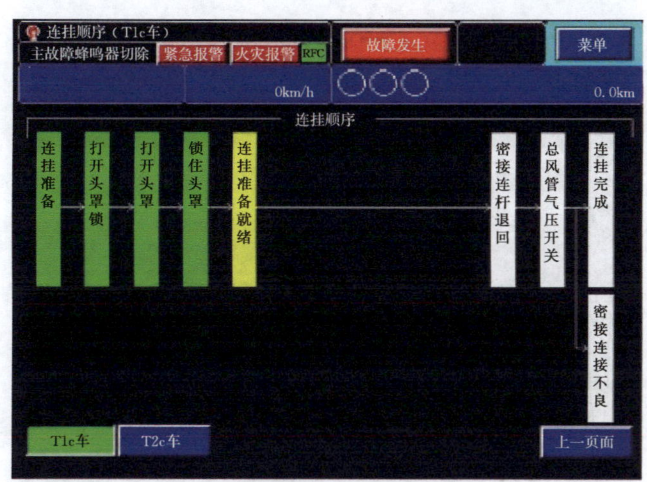

图 4-1-3　连挂操作程序 MON 显示

(8)C 将制动手柄置“拔取”位，拔出主控钥匙。

(9)B 确认连挂状态正常后，返回第 1 列编组。

(10)A 查看 MON 上车辆信息、行驶状态页面，确认整个 16 辆编组传送正常，复位紧急制动。

(11)断开两列重联动车组连挂端“MXRN3 断路器(联解控制)”，连挂完成。

注意：

连挂完成后，A 需确认两列动车组受电弓升起的车号，正常情况下应为 4 车和 12 车，或者为 6 车和 14 车。如果是 6 车和 12 车升弓，MON 会提示故障信息。应断开 VCB，降下受电弓，然后重新选择正确组合升弓。

连挂完成后，A 应进行制动系统试验。

连挂完成 5 s 后，MON 自动进入以下状态，如图 4-1-4、图 4-1-5 所示。

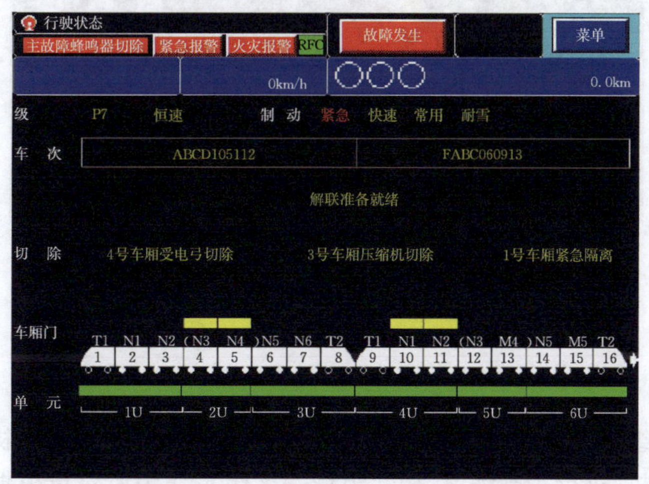

图 4-1-4　显示屏 1 驾驶状态画面

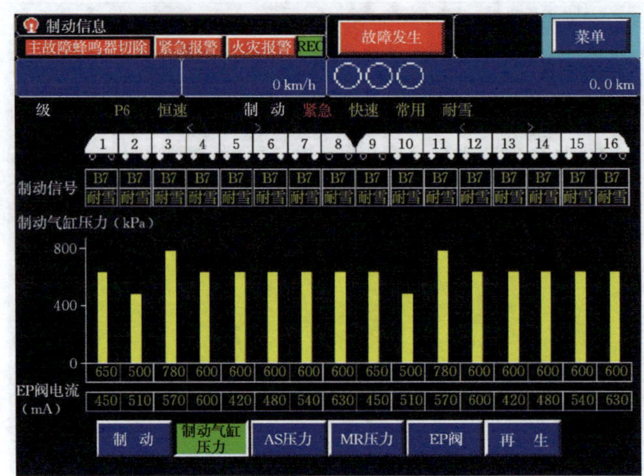

图 4-1-5 车辆信息画面

学习活动 3 故障处理

1. 动作顺序故障

如果 MON 显示动作顺序故障(图 4-1-6),自动连挂中途停止,从故障处改为手动操作。

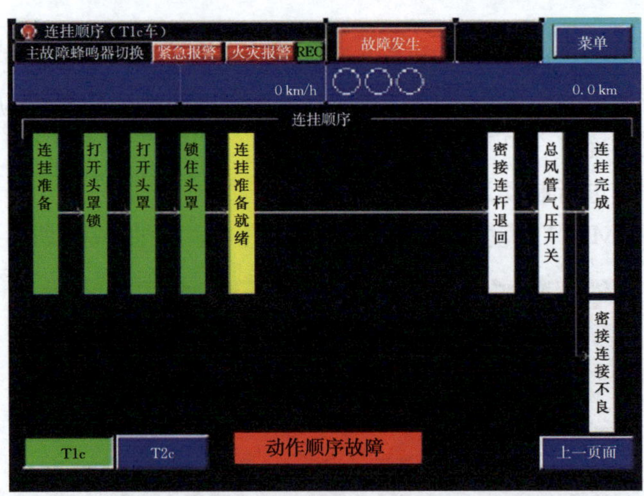

图 4-1-6 连挂顺序页面(动作顺序故障)

活动评价

在学习完动车组连挂操作后,每组派三位组员分别作为第 1 编组司机、第 1 编组随车机械师和第 2 编组司机,进行实操练习,相邻组派一名组员作为监督员根据活动评分表 4-1-1 评分,事后监督员说出扣分缘由。

表 4-1-1　活动评分表

序号	主要内容	考核要求	配分	评分标准	得分
1	动车组连挂前的准备	能够规范检查编组距离、断路器状态，操作制动手柄	30	1. 未将制动手柄置“B7”位，扣 10 分。 2. 未确认第二组编组距离第 1 编组 10 m 左右，扣 10 分。 3. 未分别确认各个断路器处于闭合位置，扣 10 分	
2	连挂操作程序	能够仔细检查各车钩、连挂信息，规范完成动车组连挂	70	1. 各个组未按下连挂准备按钮，确认 MON 信息，扣 20 分。 2. 未确认第 1 编组罩盖打开状态，车钩、电气连接连挂信息，扣 20 分。 3. 未确认两列动车组连挂准备完成，扣 10 分。 4. 未将制动手柄置“拔取”位，扣 10 分。 5. 未断开断路器（联解控制），扣 10 分	
小组编号			合计（总分）		

任务评价

<table>
<tr><td>任务名称</td><td colspan="4"></td></tr>
<tr><td>小组成员</td><td colspan="2"></td><td>综合评分</td><td></td></tr>
<tr><td rowspan="12">学生自评</td><td colspan="4">理论任务完成情况</td></tr>
<tr><td>序号</td><td>知识考核点</td><td>自评意见</td><td>自评结果</td></tr>
<tr><td>1</td><td></td><td></td><td></td></tr>
<tr><td>2</td><td></td><td></td><td></td></tr>
<tr><td>3</td><td></td><td></td><td></td></tr>
<tr><td colspan="4">训练任务完成情况</td></tr>
<tr><td>项目</td><td>内容</td><td>评价标准</td><td>自评结果</td></tr>
<tr><td>训练准备</td><td></td><td></td><td></td></tr>
<tr><td>训练方法</td><td></td><td></td><td></td></tr>
<tr><td>质量考核</td><td></td><td></td><td></td></tr>
<tr><td>安全考核</td><td></td><td></td><td></td></tr>
<tr><td colspan="4"></td></tr>
<tr><td>学习小组评价</td><td colspan="4">□团队合作　□动手操作能力　□信息获取能力　□交流沟通能力
（根据完成任务情况填写：A 优秀；B 良好；C 合格；D 有待改进）</td></tr>
<tr><td>教师评价</td><td colspan="4"></td></tr>
</table>

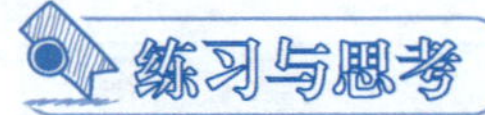

详细描述动车组自动连挂操作步骤。

任务二 自动解编操作

与动车组连挂操作相似，解编作业可以在司机室自动进行，紧急情况下也可以手动操作。解编作业同样要求司机与随车机械师共同进行，司机负责操纵动车组，随车机械师负责检查连接装置和显示信号。本任务主要学习自动解编的具体操作及注意事项。

任务目标

1. 熟悉自动解编的准备工作。
2. 掌握自动解编操作程序。

任务实施

动车组解编示意如图 4-2-1 所示。

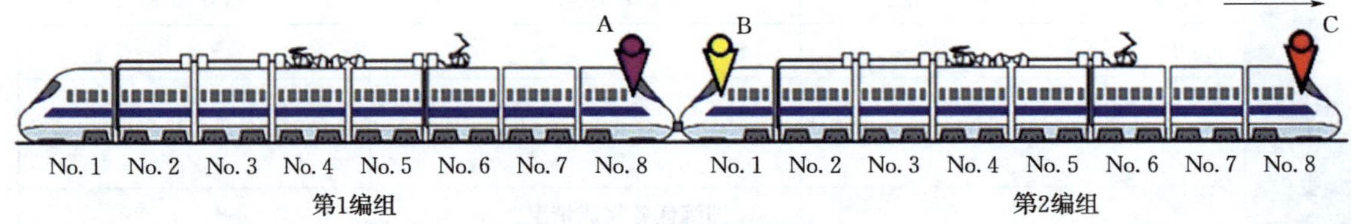

图 4-2-1 动车组解编示意

A—第 1 编组司机[负责解编后的驾驶(解编时无特别操作)];B—第 2 编组随车机械师(进行解编时的辅助操作);C—第 2 编组司机(负责解编时的驾驶)

学习活动 1 解编前准备工作

两列动车组重联状态进入解编线路后停车，动车组均处在制动状态。第 2 编组随车机械师进入 1 车。

分别确认两重联动车组连挂端“MXRN1 断路器(联解分控)”和“MXRN3 断路器(联解控制)”处于闭合位置。

学习活动 2　解编作业程序

（1）C 操作动车组停车后，必须先将制动手柄置于“运行”位一次后，再置于“快速”位，并将换向手柄置于“前进”位。

（2）A 进入与第 2 编组相连接侧的司机室（8 车）。

（3）第 2 编组随车机械师 B 通过车内联络通知司机 C 准备进行解编操作，并右旋“解联”开关。解编作业自动进行，两编组紧急制动动作。

（4）司机 C 接到随车机械师 B 的通知，确认紧急制动灯点亮后，按下紧急复位按钮，将制动手柄置于运行位，提牵引手柄，尽快离开第 1 编组。

（5）第 2 编组后方的车头罩在车速达到 5 km/h 时自动关闭。第 1 编组前部的车头罩在两编组的车钩脱离 10 s 后自动关闭。

（6）断开两列重联动车组“MXRN3 断路器（联解控制）”，解编作业完成。

在学习完动车组解编操作后，每组派三位组员分别作为第 1 编组司机、第 1 编组随车机械师和第 2 编组司机，进行实操练习，相邻组派一名组员作为监督员根据活动评分表 4-2-1 评分，事后监督员说出扣分缘由。

表 4-2-1　活动评分表

序号	主要内容	考核要求	配分	评分标准	得分
1	动车组解编前的准备	能够规范认真检查动车组状态	40	1. 未确认动车处于制动状态，扣 20 分。 2. 未确认“MXRN1 断路器（联解分控）”处于闭合位置，扣 10 分。 3. 未确认“MXRN3 断路器（联解控制）”处于闭合位置，扣 10 分	
2	解编操作程序	能够规范进行解编作业	60	1. 未先将置于“运行”位，再置“快速”位，扣 20 分。 2. 未右旋“解联”开关，扣 10 分。 3. 未确认紧急制动灯点亮后，按下紧急复位按钮，扣 10 分。 4. 未将制动手柄置于“运行”位，提牵引手柄，扣 10 分。 5. 未断开断路器（联解控制），扣 10 分	
小组编号				合计（总分）	

任务评价

<table>
<tr><td>任务名称</td><td colspan="4"></td></tr>
<tr><td>小组成员</td><td colspan="2"></td><td>综合评分</td><td></td></tr>
<tr><td rowspan="11">学生自评</td><td colspan="4">理论任务完成情况</td></tr>
<tr><td>序号</td><td>知识考核点</td><td>自评意见</td><td>自评结果</td></tr>
<tr><td>1</td><td></td><td></td><td></td></tr>
<tr><td>2</td><td></td><td></td><td></td></tr>
<tr><td>3</td><td></td><td></td><td></td></tr>
<tr><td colspan="4">训练任务完成情况</td></tr>
<tr><td>项目</td><td>内容</td><td>评价标准</td><td>自评结果</td></tr>
<tr><td>训练准备</td><td></td><td></td><td></td></tr>
<tr><td>训练方法</td><td></td><td></td><td></td></tr>
<tr><td>质量考核</td><td></td><td></td><td></td></tr>
<tr><td>安全考核</td><td></td><td></td><td></td></tr>
<tr><td>学习小组评价</td><td colspan="4">□团队合作　□动手操作能力　□信息获取能力　□交流沟通能力
（根据完成任务情况填写：A 优秀；B 良好；C 合格；D 有待改进）</td></tr>
<tr><td>教师评价</td><td colspan="4"></td></tr>
</table>

练习与思考

详细描述动车组自动解编操作步骤。

任务三　手动连挂与解编操作程序

任务导入

手动操作主要用于紧急情况下连挂与解编操作或动作试验，掌握手动操作是非常重要的，下面我们带着这个任务就开始学习手动操作重联和解编。

任务目标

1. 了解手动操作面板的位置。
2. 熟悉手动操作程序。

学习活动 1　手动操作面板的位置

手动操作面板(图 4-3-1)位于驾驶室右侧电气柜转换开关盘下方。分别将两重联动车组连挂端“MXRN3 断路器(联解控制)”处于断开位置,“MXRN1 断路器(联解分控)”处于闭合位置。

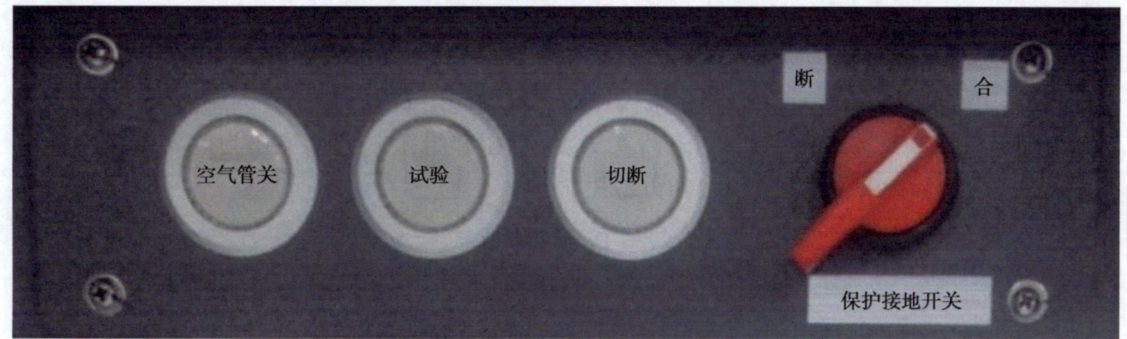

图 4-3-1　联解控制盘手动操作面板

学习活动 2　手动操作程序

1. 头罩开

(1)将联解控制盘内“闭锁解除”开关置“强制合”。

(2)将“罩开”开关置“强制合”,确认前端罩盖打开。

(3)将“闭锁解除”“罩开”开关恢复常位。

2. 头罩闭

(1)将列车分合控制盘内“闭锁解除”开关置“强制合”。

(2)将“罩闭”开关置“强制合”,确认前端罩盖闭合。

(3)将“闭锁解除”“罩闭”开关恢复常位。

3. 空气管开

(1)将列车分合控制盘内“闭锁解除”开关置“强制合”。

(2)将“空气管开”开关置“强制合”,确认空气管开闭器手柄处在“开”位置。

(3)将“闭锁解除”“空气管开”开关恢复常位。

4. 空气管关

(1)将列车分合控制盘内“闭锁解除”开关置“强制合”。

(2)将“空气管关”开关置“强制合”,确认空气管开闭器手柄处在“关”位置。

(3)将“闭锁解除”“空气管关”开关恢复常位。

注意:不能将“空气管开”开关和“空气管关”开关都打到“强制合”状态。

5. 空气管开闭器手动操作

将空气管开闭器手柄置“开”位,可接通两编组空气管。

将空气管开闭器手柄置“关”位,可断开两编组空气管。

6. 强制关闭前端罩盖

8 车操作司机室转换盘 2 上“强制罩闭”开关。

1 车右旋“解联”开关,按压“试验”按钮,“试验”按钮点亮,前端罩盖关闭后,恢复“试验”开关。

在学习完成动车组手动连挂和解编操作后,每组派三位组员分别作为第 1 编组司机、第 1 编组随车机械师和第 2 编组司机,进行实操练习,相邻组派一名组员作为监督员根据活动评分表 4-3-1 评分,事后监督员说出扣分缘由。

表 4-3-1 活动评分表

序号	主要内容	考核要求	配分	评分标准	得分
1	手动操作面板的位置	能够正确指出手动操作面板的位置及操作断路器	30	1. 未准确指出操作面板位置,扣 10 分。 2. 未将“MXRN1 断路器(联解分控)”处于闭合位置,扣 10 分。 3. 未确认“MXRN3 断路器(联解控制)”处于断开位置,扣 10 分	
2	解编操作程序	能够规范开关头罩、空气管	70	1. 未规范打开和关闭头罩,扣 20 分。 2. 未规范打开和关闭空气管,扣 20 分。 3. 未规范操作空气管开闭器,扣 20 分。 4. 未规范操作强制关闭前端罩盖,扣 10 分	
小组编号			合计(总分)		

任务评价

任务名称				
小组成员			综合评分	
学生自评	理论任务完成情况			
	序号	知识考核点	自评意见	自评结果
	1			
	2			
	3			
	训练任务完成情况			
	项目	内容	评价标准	自评结果
	训练准备			
	训练方法			
	质量考核			
	安全考核			
学习小组评价	□团队合作　□动手操作能力　□信息获取能力　□交流沟通能力 （根据完成任务情况填写：A 优秀；B 良好；C 合格；D 有待改进）			
教师评价				

练习与思考

简述动车组手动操作连挂与解编步骤。

任务四　救援及回送操作

任务导入

铁路运输安全是铁路运输工作的重中之重，保证铁路行车安全是一项庞大的系统工程，铁路行车事故救援则是该系统工程的一个子系统，在铁路运输中起着非常重要的作用。下面我们就开始学习动车组回送和救援。

1. 了解动车组 2 h 及以上时间的无动力回送。
2. 掌握动车组 2 h 内的无动力回送或机车救援(无须外部电源提供)。
3. 了解回送途中需要确认的事项。
4. 掌握回送途中常见故障及处理方法。

任务实施

学习活动 1 动车组 2 h 及以上时间的无动力回送

1. 一列(16 辆编组)动车组回送程序

动车组回送时,先与 1 辆回送车连接组成固定编组,在动车组 1、2 位端均可。机车在 1 位端和 2 位端均可连挂和牵引。

机车与回送车连接回送如图 4-4-1 所示。机车与动车组直接连接回送如图 4-4-2 所示。

注:图 4-4-2 中所示机车直接与动车组连接回送时,回送车在尾部,制动空气管压力无法传递给回送车,需手动缓解回送车制动,回送中处于无制动状态(即所谓的关门状态),回送中要特别注意。

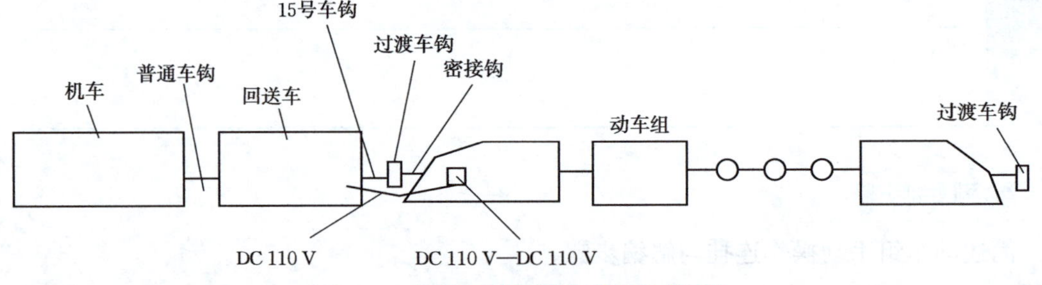

图 4-4-1 机车通过回送车连挂方式回送

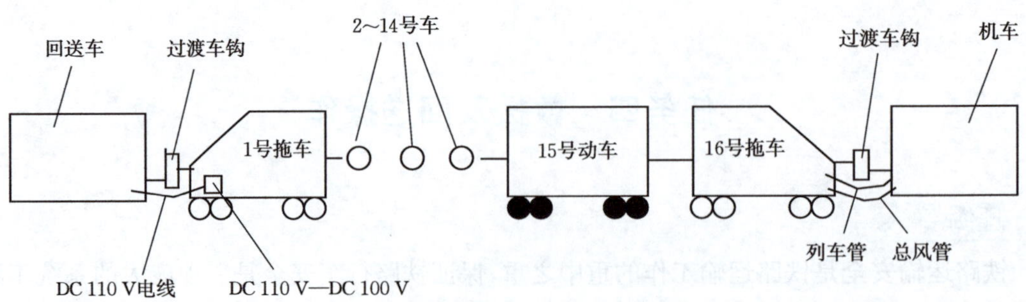

图 4-4-2 机车直接与动车组连挂方式回送

2. 动车组与回送车连挂前的准备

(1)确认动车组状态正常,满足 120 km/h 运行要求,铁鞋安放正确。

(2)确认回送用器材已准备完成:2 个回送用过渡车钩、2 个 BP 橡胶软管、2 个 MR 橡胶软管、安装橡胶软管的扳手。

(3)动车组 MR 压力须在 600 kPa 以上(必要时启动空气压缩机),空气弹簧需充气至正常高度。

(4)动车组蓄电池的电压(DC 100 V 控制电路)至少须在 81 V 以上(必要时进行充电)。插入钥匙之前,确认 BC 压力须在 290 kPa 以上。

(5)插入主控钥匙,将制动手柄置"运行"位,通过 MON 确认全车的 BC 压力为 0。

确认上述项目后,将制动手柄须保持在"B7"的位置。

(6)接通司机室制动指令转换器的电源 BTRCN(司机室后面板"救援转换装置"NFB 置于 ON)。

(7)确认设置在司机背后设备箱内制动指令转换器的设定(参照制动指令转换器的设定方法)。

(8)为确保电源容量,将各回路的断路器必须处于回送时接通的断路器闭合状态。

使用列车分合控制盘内的开关来打开头车罩盖。

(9)将过渡车钩安装在头车的密接车钩上,确认锁销相互咬合状况。

因过渡车钩的质量为 64 kg,所以在搬运及安装作业时须注意安全。

操作步骤:

①将过渡车钩的锁钩定位在释放位置。

②将过渡车钩与 EMU 连接器(车钩)对准后推入。

③使过渡车钩与 EMU 连接器(车钩)紧密相嵌后松开释放杆。

④以释放杆的动作来确认双方锁钩相互咬合的状况。

(10)安装头车 BP 及 MR 橡胶软管。(注:为了保证回送充风迅速,BP 橡胶软管和 MR 橡胶软管均需连接)。

操作步骤:

①使用扳手将 BP 及 MR 折角塞门防尘堵拆下。

②拧入 BP 及 MR 橡胶软管(注意调整软管连接器的角度朝向)。

注:BP 橡胶软管必须连接,MR 橡胶软管可不连接。橡胶软管存放在前罩室内,如图 4-4-3、图 4-4-4 所示。

(11)目视确认动车组的两个受电弓均处于降下状态。

(12)靠近牵引机车一端 ATP 柜内的 ATP 隔离开关置于隔离位。

注意事项:

钥匙必须是只插在靠近牵引机车的驾驶台上(如回送过程中机车需调头牵引,回送押车人员须负责把钥匙取出,插在靠近牵引机车的一端)。

只能接通靠近牵引机车一端的制动指令转换器的电源 BTRCN。

图 4-4-3 BP 管旋塞(左)、MR 管旋塞(右)

图 4-4-4 橡胶软管

3. 动车组与回送车连挂

(1)将回送车停在距离动车组 3 m 以上的位置。

(2)将回送车的车钩(15 号车钩)置于释放状态。

(3)确认回送车的车钩大概处于轨道的中心位置。

(4)以 5 km/h 以下的速度移动回送车并使回送车与动车组连挂。

(5)确认车钩中心高度差在 15 mm 以内,并进行试拉,确认连接是否正常。

(6)分别将回送车的列车管、总风管与动车组的 BP、MR 橡胶软管对应连接。打开回送车列车管、总风管和动车组 BP、MR 管的折角塞门。

(7)关闭所有动车组头车 BP-MR 之间的塞门,救援旁通和救援折角塞门如图 4-4-5 所示。

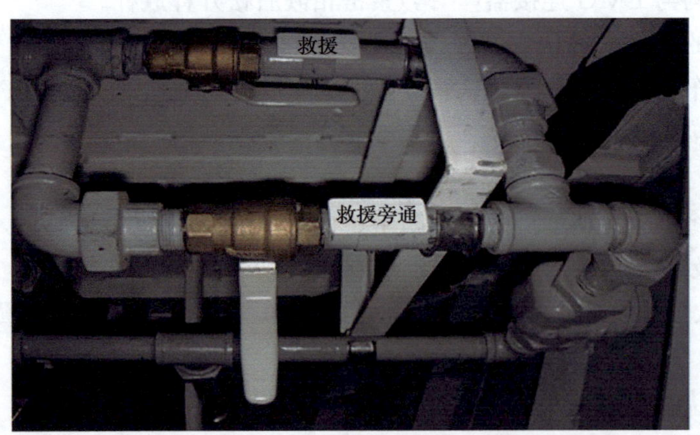

图 4-4-5 救援旁通和救援折角塞门

(8)连接动车组与回送车间的 DC 110 V 电源线并固定(跨接电缆存放在设备室内)。回送车与动车组空气管路及电源连接示意如图 4-4-6 所示。连接动车组与回送车电源线插座如图 4-4-7 所示。

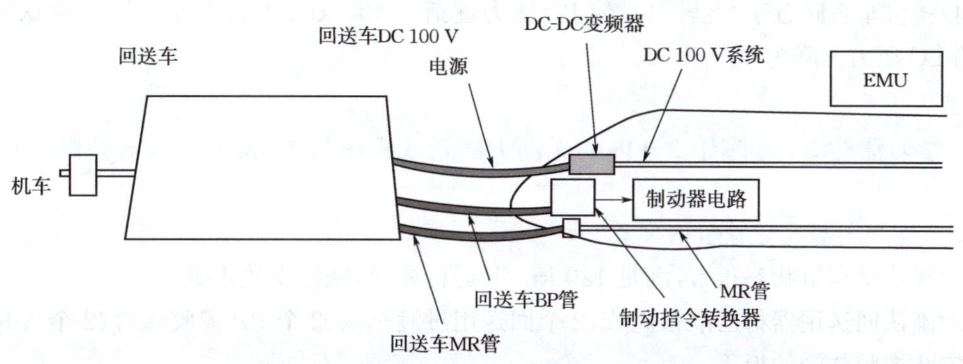

图 4-4-6　回送车与动车组空气管路及电源连接示意

头车

DC 110 V插座

图 4-4-7　连接动车组与回送车电源线插座

(9)启动回送车发电机组，确认发电机组工作正常，确认回送车供电正常。

(10)机车电源 NFB 置 ON 位，确认直流电压为 100 V。

4. 牵引机车与动车组(加回送车)连挂

(1)以 5 km/h 以下的速度移动机车并与回送车连挂。

(2)连接机车与回送车的车钩。

(3)连接机车与回送车间的列车管和总风管软管。

(4)打开机车和回送车的 BP 以及 MR 的折角塞门。

5. 制动机试验

(1)缓解机车自阀，向动车组 BP 管提供(600 kPa)的压力。

(2)操作动车组的制动手柄从“B7”位移至“运行”，通过 MON 确认全车的 BC 压力为零。

(3)将动车组的制动手柄保持在“运行”位，操作机车自阀，使 BP 压力从 600 kPa 减至 430 kPa，通过 MON 确认动车组全车的 BC 压力在 290 kPa 以上。

(4)将机车自阀置于“运转”位，使 BP 压力逐渐从 430 kPa 上升至 600 kPa，确认动车组全车的 BC 压力下降为 0。

学习活动 2　动车组 2 h 内的无动力回送或机车救援(无须外部电源供给)

1. 动车组与机车连挂前的准备

(1)确认动车组状态正常，满足 120 km/h 运行要求，铁鞋安放正确。

(2)确认回送用器材已准备完成：2 个回送用过渡车钩、2 个 BP 橡胶软管、2 个 MR 橡胶软管、安装橡胶软管的扳手。

(3)动车组 MR 压力须在 600 kPa 以上(必要时启动空气压缩机)，空气弹簧需充气至正常高度。

(4)动车组蓄电池的电压(DC 100 V 控制电路)至少须在 81 V 以上(必要时进行充电)。插入钥匙之前，确认 BC 压力须在 290 kPa 以上。

(5)插入主控钥匙，将制动手柄置“快速”位，按紧急复位按钮后，制动手柄置“运行”位，通过 MON 确认全车的 BC 压力为 0。

(6)确认上述项目后，将制动手柄须保持在“B7”的位置。

(7)接通制动指令转换器的电源 BTRCN。司机室后面板“救援转换装置”NFB 置于 ON。

(8)确认设置在司机背后设备箱内制动指令转换器的设定(参照制动指令转换器的设定方法)。

(9)操作“头罩控制”开关打开头车的前端罩盖。如果无法正常打开，可以直接控制制动回路阀门打开头车罩盖。

(10)将过渡车钩安装在头车的密接车钩上，确认锁销相互咬合状况。

(11)安装头车 BP 及 MR 橡胶软管。(注：为了保证回送充风迅速，BP 橡胶软管和 MR 橡胶软管均需连接)。

(12)目视确认动车组的两个受电弓均处于降下状态。

(13)靠近牵引机车一端 ATP 柜内的隔离开关至于隔离位。

2. 动车组与救援机车连挂

(1)将机车停在距离动车组 3 m 以上的位置。

(2)将机车的车钩(15 号车钩)置于释放状态。

(3)确认机车的车钩大概处于轨道的中心位置。

(4)以 5 km/h 以下的速度移动机车并使机车与动车组连挂。

(5)确认车钩中心高度差在 15 mm 以内，并进行试拉，确认连接是否正常。

(6)分别将回送车的列车管、总风管与动车组的 BP、MR 橡胶软管对应连接。

(7)打开回送车列车管、总风管和动车组 BP 管、MR 管的折角塞门。

(8)救援、救援旁通阀门操作同 2 h 以上无动力回送。

3. 制动机试验

同动车组 2 h 以上无动力回送。

4. 动车组连挂时的回送要领

同动车组 2 h 以上无动力回送。

学习活动 3 回送途中需要确认的事项

1. 蓄电池电压的监视

有外部电源供电的回送，通过跟机车连挂侧的驾驶台的电压表来确认直流电压在 97 V 以上。无外部电源供电的回送，通过跟机车连挂侧的驾驶台的电压表来确认直流电压在 87 V 以上。

2. 在 MON 页面上确认制动装置的动作

通过制动指令转换器确认 BP 压力在 550 kPa(450 kPa)以下时，MON 上制动缸压力必须有显示(即制动作用)。

确认 BP 压力为 580 kPa 以上时，MON 上制动缸压力必须为“0”(即缓解)。

3. 其他

确认没有异常声响和异常振动。

确认各车辆在回送准备时未断开的 NFB 没有跳闸。

学习活动 4 回送途中常见故障及处理方法

1. 电源电压下降至 95 V 以下

用钳形电流表测量 103U 线电流。负载电流 30 A 以上时，要调查过大负载发生的原因。如没有负载电流(0)时。应按以下步骤确认检查：

(1)确认 LMPM(机车电源)NFB 有没有跳闸。

(2)确认回送过渡车的发电机状态(是否在运转，输出电压是否偏低)。

(3)确认救援用电源接头(插头处是否脱落)。

(4)检查 DC/DC 变流器是否异常(确认输出输入电压，输出用 NFB 是否跳闸)。

(5)无法判明原因，长时间回送可能导致直流电压低于 95 V 以下，动车组的电池开始放电，制动操作只能维持较短时间，应汇报调度部门，要求回送列车进侧线停车等候处理。

2. 制动缸压力没有响应(制动不工作)

(1)整个编组的制动缸压力没有响应

确认和机车相连接一侧驾驶台的 BTRCN(救援转换装置)NFB 是否跳闸。

确认和机车相连接一侧驾驶台的 MCN2(集中控制)NFB 是否跳闸。

检查制动指令转换器是否故障。

(2)单节车厢的制动缸压力没有响应

确认该节车厢的 BCUN(制动控制)NFB 是否跳闸。

3. 制动不缓解

(1)整个编组的制动不能缓解时

确认电源电压在 97 V 以上。

确认 MR 压力在 340 kPa 以下,紧急制动发生动作。

确认 BP 压力在 550 kPa 以下应该是常用制动动作,如 BP 压力已经达到 600 kPa (500 kPa),制动缸压力还在作用,应检查制动指令转换器。

检查紧急制动拉式开关是否被拉出(两司机室及列车员室)。

检查各车厢在回送准备时被断开的脱扣式开关是否断开。

将制动手柄置于“快速”位,进行紧急制动复位操作。

确认 ATP 主机及 ATP 控制 NFB 开关有没有跳闸。

(2)一节或者特定某车厢的制动不缓解时

确认该车厢制动控制装置 NFB 是否跳闸。

无法判明原因时,可切除相应车的空气制动,即关门车。

车下操作:可以通过关闭转向架制动缸阀门切除相应转向架的制动。

车上操作:可以通过关闭运行配电盘内地板上制动供给阀门和紧急阀门切除相应车厢的制动。

在学习完动车组回送及救援后,每组派两位组员进行实操,相邻组派一名组员作为监督员根据活动评分表 4-4-1 评分,事后监督员说出扣分缘由。

表 4-4-1 活动评分表

序号	主要内容	考核要求	配分	评分标准	得分
1	动车组与回送车连挂前的准备	能够检查动车处于正常状态,准备器材齐全,规范操作车钩	28	1. 未检查动车组处于正常状态及器材准备不齐全,扣 7 分。 2. 未规范操作主控钥匙、制动手柄、制动指令转换器,扣 7 分。 3. 未规范使用车钩,车钩双方锁钩咬合不紧,扣 7 分。 4. 未规范安装头车 BP 及 MR 橡胶软管,扣 7 分	
2	动车组与回送车连挂	能够确认车钩位置,规范操作车钩、折角塞门等	28	1. 未规范连接车钩,扣 7 分。 2. 未规范对应连接橡胶软管,扣 7 分。 3. 未正确打开折角塞门,扣 7 分。 4. 未确认回送车供电正常,扣 7 分	

续上表

序号	主要内容	考核要求	配分	评分标准	得分
3	牵引机车与动车组连挂	能够规范连接车钩、折角塞门等	21	1. 未规范连接车钩，扣 7 分。 2. 未规范对应连接橡胶软管，扣 7 分。 3. 未正确打开折角塞门，扣 7 分	
4	制动试验	能够规范进行制动试验	15	1. 未规范缓解机车自阀，扣 5 分。 2. 未规范操作制动手柄，扣 5 分。 3. 未将机车自阀置于“运转”位，扣 5 分	
5	动车组 2 h 内的无动力回送	能够规范操作	8	1. 未规范准备连挂，扣 4 分。 2. 未规范连挂动车组与救援车，扣 4 分	
小组编号			合计(总分)		

任务评价

<table>
<tr><td colspan="2">任务名称</td><td colspan="4"></td></tr>
<tr><td colspan="2">小组成员</td><td colspan="2"></td><td>综合评分</td><td></td></tr>
<tr><td rowspan="11">学生自评</td><td colspan="5">理论任务完成情况</td></tr>
<tr><td>序号</td><td>知识考核点</td><td>自评意见</td><td colspan="2">自评结果</td></tr>
<tr><td>1</td><td></td><td></td><td colspan="2"></td></tr>
<tr><td>2</td><td></td><td></td><td colspan="2"></td></tr>
<tr><td>3</td><td></td><td></td><td colspan="2"></td></tr>
<tr><td colspan="5">训练任务完成情况</td></tr>
<tr><td>项目</td><td>内容</td><td>评价标准</td><td colspan="2">自评结果</td></tr>
<tr><td>训练准备</td><td></td><td></td><td colspan="2"></td></tr>
<tr><td>训练方法</td><td></td><td></td><td colspan="2"></td></tr>
<tr><td>质量考核</td><td></td><td></td><td colspan="2"></td></tr>
<tr><td>安全考核</td><td></td><td></td><td colspan="2"></td></tr>
<tr><td>学习小组评价</td><td colspan="5">□团队合作　□动手操作能力　□信息获取能力　□交流沟通能力
(根据完成任务情况填写：A 优秀；B 良好；C 合格；D 有待改进)</td></tr>
<tr><td>教师评价</td><td colspan="5"></td></tr>
</table>

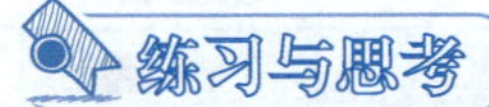

练习与思考

1. 回送途中需要确认的事项有哪些？

2. 制动不工作时，应该进行哪些检查以及如何操作？

3. 制动不缓解时，应该进行哪些检查以及如何操作？

4. 写出以下设备名称。

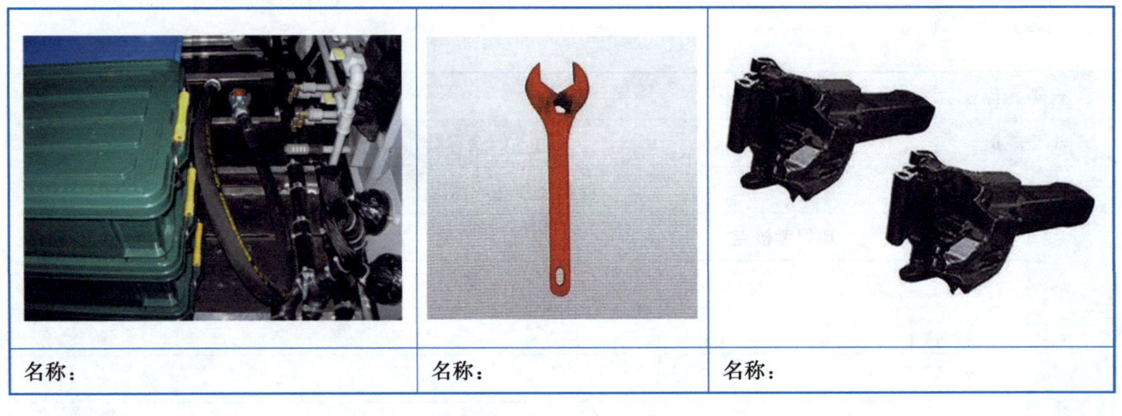

名称：	名称：	名称：

项目五

动车组故障应急处理仿真实训

- 动车组故障应急处理仿真实训
  - 高压供电系统故障处理
    - 受电弓（后弓）无法升起
    - 受电弓(后弓)正常升起，但MON屏未显示
    - 受电弓（后弓）升起无法降下
    - 受电弓(后弓)自动降下或挂有异物
    - 单车VCB不能闭合
  - 牵引传动系统故障处理
    - 牵引变流器传输不良
    - 牵引变流器故障1
    - 牵引变流器故障2
    - 牵引变流器通风机停止
  - 辅助供电系统故障处理
    - 辅助电源装置通风机停止
    - 辅助电源装置ARfN2跳闸
    - 辅助电源装置ACVN1跳闸
    - 辅助电源装置ACVN2跳闸
  - 制动系统故障处理
    - 制动控制装置传输不良
    - 制动控制装置故障
    - 制动不足
    - 制动不缓解

学习目标

知识目标

1. 掌握高压供电系统故障处理流程。
2. 掌握牵引传动系统故障处理流程。
3. 熟悉辅助供电系统故障处理流程。
4. 熟悉制动系统故障处理流程。

能力目标

能够完成动车组运行途中应急故障处理。

素质目标

1. 能够客观公正地对学习效果进行自我评价。
2. 具有团队协作精神及危机处理能力。
3. 具有爱护列车的职业荣誉感。

项目描述

随着信息化和科学技术的不断发展，我国的运输行业也得到了前所未有的发展，随着动车组增加，为人们的出行带来了更多的便利。但同时动车组故障也时有发生，因此进一步规范动车组故障应急处置程序，实现动车组故障应急处置的规范、科学、准确、迅速，提高铁路各部门在动车组故障情况下的应急反应能力和应急处置水平，最大限度地减少动车组故障造成的损失和影响，对保证铁路运输的正常秩序，保障旅客生命财产安全具有十分重要的意义。

任务一　高压供电系统故障处理

任务导入

动车组一旦出现高压供电系统故障，有可能直接导致列车停车，如果故障点不能及时找到并进行应急处理，就会对动车组的安全正点造成不良影响，为此，从高压供电系统常见故障入手进行分析判断，掌握应急处理方法非常必要。

任务目标

掌握高压供电系统应急故障处理流程。

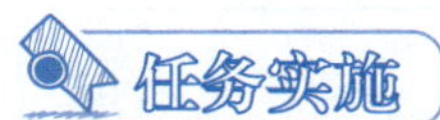

学习活动 1　受电弓(后弓)无法升起

名称	受电弓(后弓)无法升起
现象	MON 显示受电弓未升起,网压表无显示
车种	CRH380A
原因	辅助风缸压力过低
行车	停车处理
步骤	处理过程
1	确认“准备未完”显示灯是否熄灭,若灯亮,则右旋“辅助空气压缩机控制”旋钮保持 3 s,启动辅助空气压缩机打风,直到“准备未完”显示灯灭
2	(1)再次进行升弓操作,若受电弓仍不能升起,换弓操作。 (2)若动车组所有受电弓均无法升起,报告列车调度员,申请救援

学习活动 2　受电弓(后弓)正常升起,但 MON 屏未显示

名称	受电弓(后弓)正常升起,但 MON 屏未显示
现象	受电弓正常升起,但 MON 屏未显示受电弓升起
车种	CRH380A
原因	“显示灯电源”断路器断开
行车	维持运行
步骤	处理过程
1	(1)确认网压正常,且 MON 屏未显示受电弓升起。 (2)通知随车机械师检查处理

步骤	处理过程
2	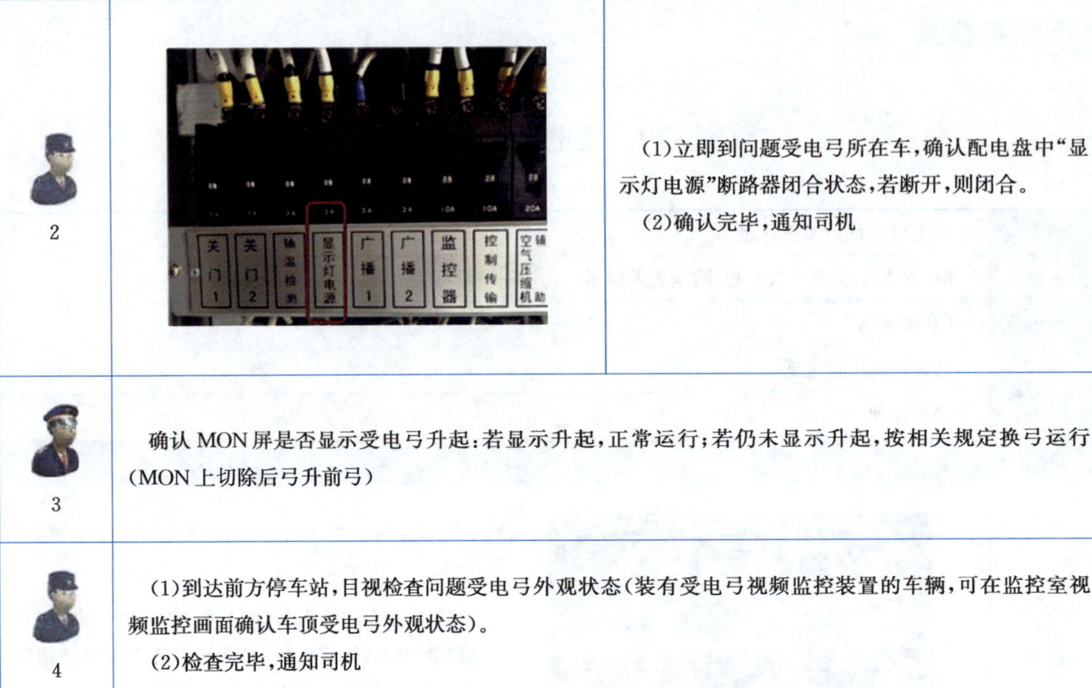 （1）立即到问题受电弓所在车，确认配电盘中“显示灯电源”断路器闭合状态，若断开，则闭合。 （2）确认完毕，通知司机
3	确认 MON 屏是否显示受电弓升起：若显示升起，正常运行；若仍未显示升起，按相关规定换弓运行（MON 上切除后弓升前弓）
4	（1）到达前方停车站，目视检查问题受电弓外观状态（装有受电弓视频监控装置的车辆，可在监控室视频监控画面确认车顶受电弓外观状态）。 （2）检查完毕，通知司机

学习活动 3　受电弓（后弓）升起无法降下

名称	受电弓（后弓）升起无法降下
现象	降弓操作后 MON 屏显示受电弓未降下
车种	CRH380A
原因	受电弓机械卡滞
行车	停车处理
步骤	处理过程
1	立即停车，通过 MON 屏远程切除故障受电弓，若降下，换弓运行，后续运行途中如需降弓，通过远程切除受电弓完成
2	按规定程序下车检查受电弓外观可见部分无明显异常或超限，确认受电弓状态，若已降下，通知司机升弓维持运行

学习活动 4　受电弓(后弓)自动降下或挂有异物

名称	受电弓(后弓)自动降下或挂有异物
现象	运行途中受电弓自动降下或受电弓上挂有异物
车种	CRH380A
原因	其他原因导致受电弓自动降下
行车	停车处理
步骤	处理过程
1	(1)立即停车,远程切除故障受电弓。 (2)通知随车机械师
2	(1)按规定程序下车,检查受电弓外观可见部分有无明显异常或超限,通知司机换弓运行,前方站停车,按照相关规定检查处理。 (2)检查处理完毕后,通知司机
3	换弓维持运行(直接 MON 切后弓升前弓)

学习活动 5　单车 VCB 不能闭合

名称	单车 VCB 不能闭合	
现象	按压【VCB 合】按钮单车 VCB 不能闭合	
车种	CRH380A	
原因	总风源给 VCB 气路阀门被关闭	
行车	维持运行	
步骤	处理过程	
1	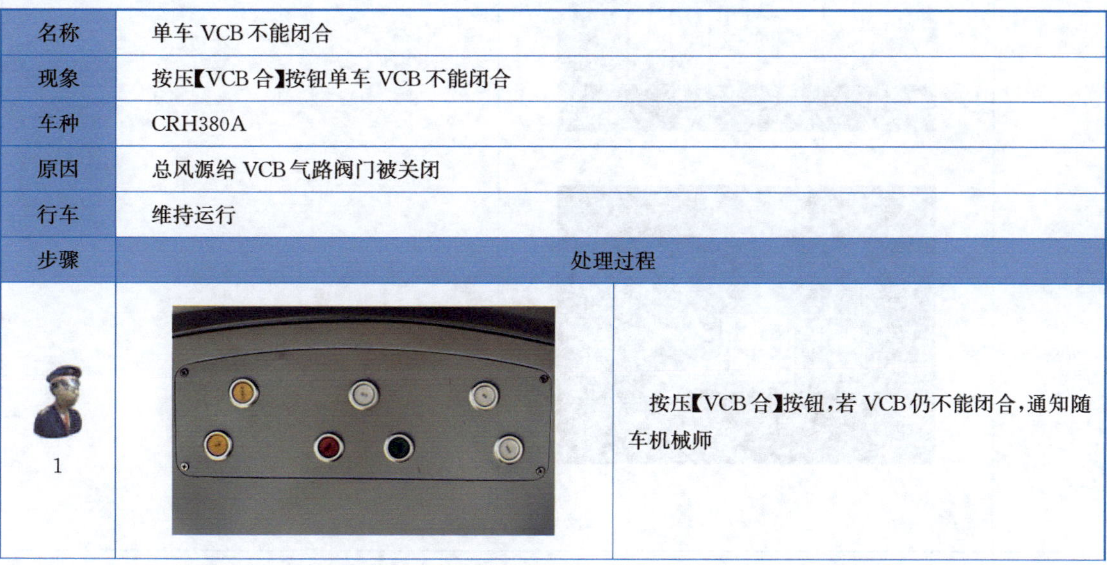	按压【VCB 合】按钮,若 VCB 仍不能闭合,通知随车机械师

 2	 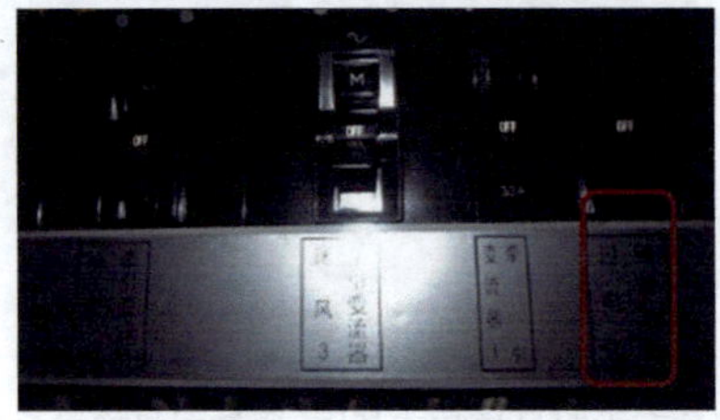 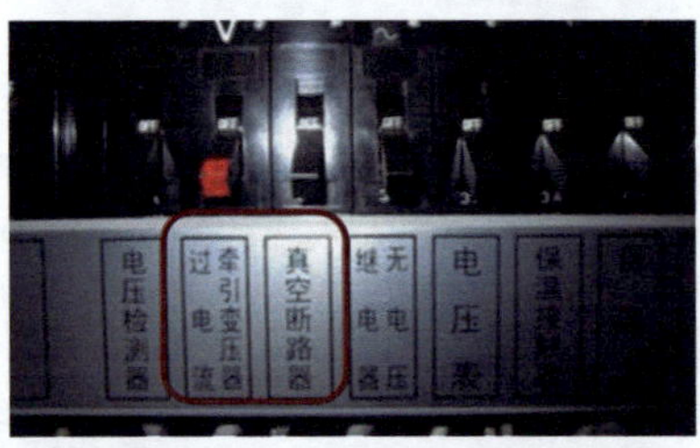 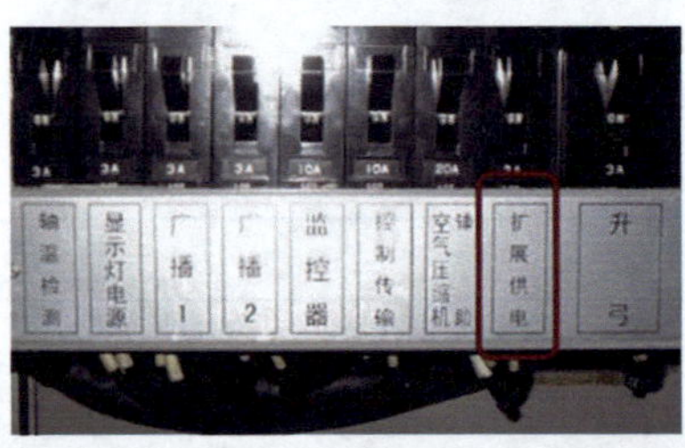 	(1)立即确认故障 VCB 对应车配电盘中的“牵引变压器油流”“辅助电路过电流”“牵引变压器过电流”“真空断路器”“扩展供电断路器”是否处于闭合状态，若断开，则闭合。 (2)确认故障 VCB 对应单元的各 M 车配电盘中的“牵引变流器 1”断路器是否处于闭合状态，若断开，则闭合。 (3)确认完毕，通知司机

 3		(1)按压【VCB合】按钮。 (2)若VCB仍不能闭合,远程切除故障VCB,并闭合ACK2进行扩展供电

在学习完高压供电系统典型故障的处理后,每组派两位组员进行实操,相邻组派一名组员作为监督员根据活动评分表5-1-1评分,事后监督员说出扣分缘由。

表5-1-1　活动评分表

序号	主要内容	考核要求	配分	评分标准	得分
1	高压供电系统典型故障的处理	能够按正确的步骤,对故障进行处理	50	1. 工具使用不规范,扣10分。 2. 受电弓(后弓)无法升起故障未按步骤操作,扣10分。 3. 受电弓(后弓)正常升起,但MON屏未显示故障未按步骤操作,扣10分。 4. 受电弓(后弓)升起无法降下故障未按步骤操作,扣10分。 5. 受电弓(后弓)自动降下或挂有异物故障未按步骤操作,扣10分	
2	检查测试	能够按照要求检查测试故障是否处理	30	1. 未正确使用标准用语,扣10分。 2. 故障原因分析不正确,扣10分。 3. 故障未处理,扣10分	
3	文明安全生产	劳保整齐,规范操作,出清收尾	20	1. 未正确佩戴劳保,扣10分。 2. 未规范操作,扣5分。 3. 工具物料未出清,扣5分	
小组编号				合计(总分)	

任务评价

任务名称				
小组成员			综合评分	
学生自评	理论任务完成情况			
	序号	知识考核点	自评意见	自评结果
	1			
	2			
	3			
	训练任务完成情况			
	项目	内容	评价标准	自评结果
	训练准备			
	训练方法			
	质量考核			
	安全考核			
学习小组评价	□团队合作 □动手操作能力 □信息获取能力 □交流沟通能力 （根据完成任务情况填写：A 优秀；B 良好；C 合格；D 有待改进）			
教师评价				

练习与思考

MON 屏处在司机室哪个位置，作用是什么？

任务二 牵引传动系统故障处理

任务导入

牵引变流器作为动车组的重要组成部分，它由 4 台牵引电机电源控制，具有转换直流制和交流制间的电能量，对各种牵引电机起控制和调节的作用。它是动车组的传动装置，能够驱动动车组运行，但是牵引变流器在使用过程中经常会出现故障，影响动车组的稳定、可靠运行，因此需要采取措施解决这些故障，从而保证动车组可靠、安全运行。

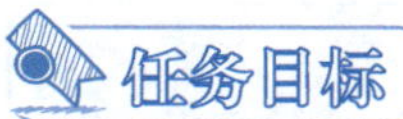

任务目标

熟悉牵引变流器常见故障处理流程。

任务实施

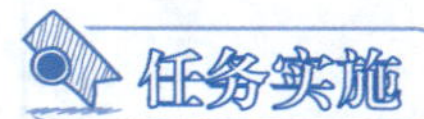

学习活动 1　牵引变流器传输不良

名称	牵引变流器传输不良	
现象	动车无法牵引和再生制动	
车种	CRH380A	
原因	光缆信号传输不良	
行车	继续运行	
步骤	处理过程	
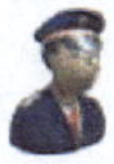 1	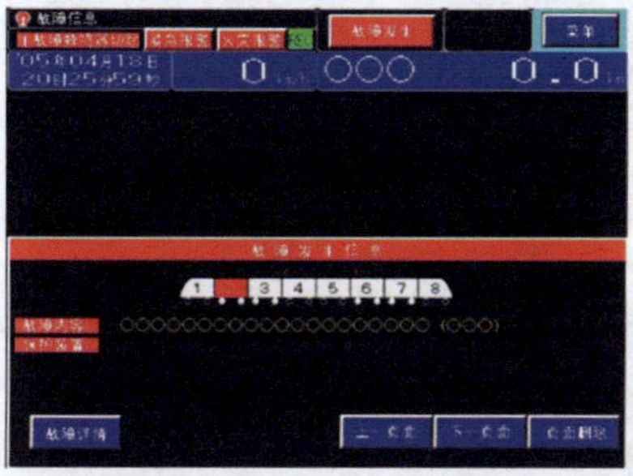	当 MON 屏主菜单界面闪现“故障发生信息”提示，并伴有声音报警时，触按左下方【故障详情】键，确认故障情况，并通知随车机械师
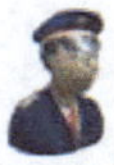 2	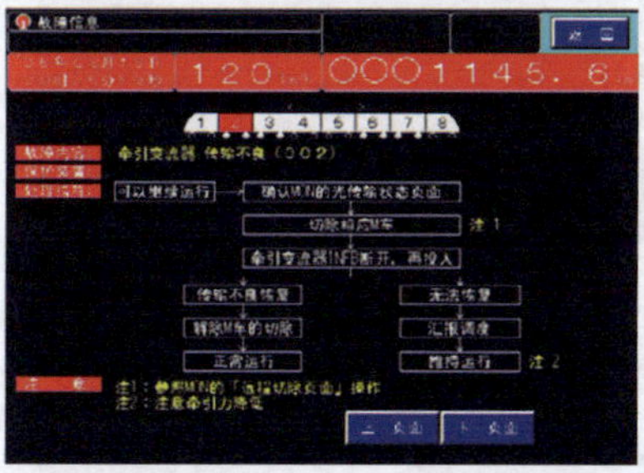	MON 屏切换至“牵引变流器传输不良”故障信息页面
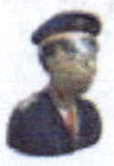 3	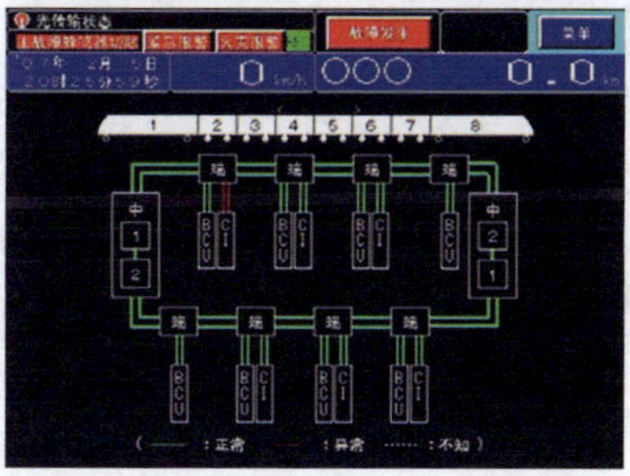	通过 MON 屏“光传输状态”页面，确认故障车位置

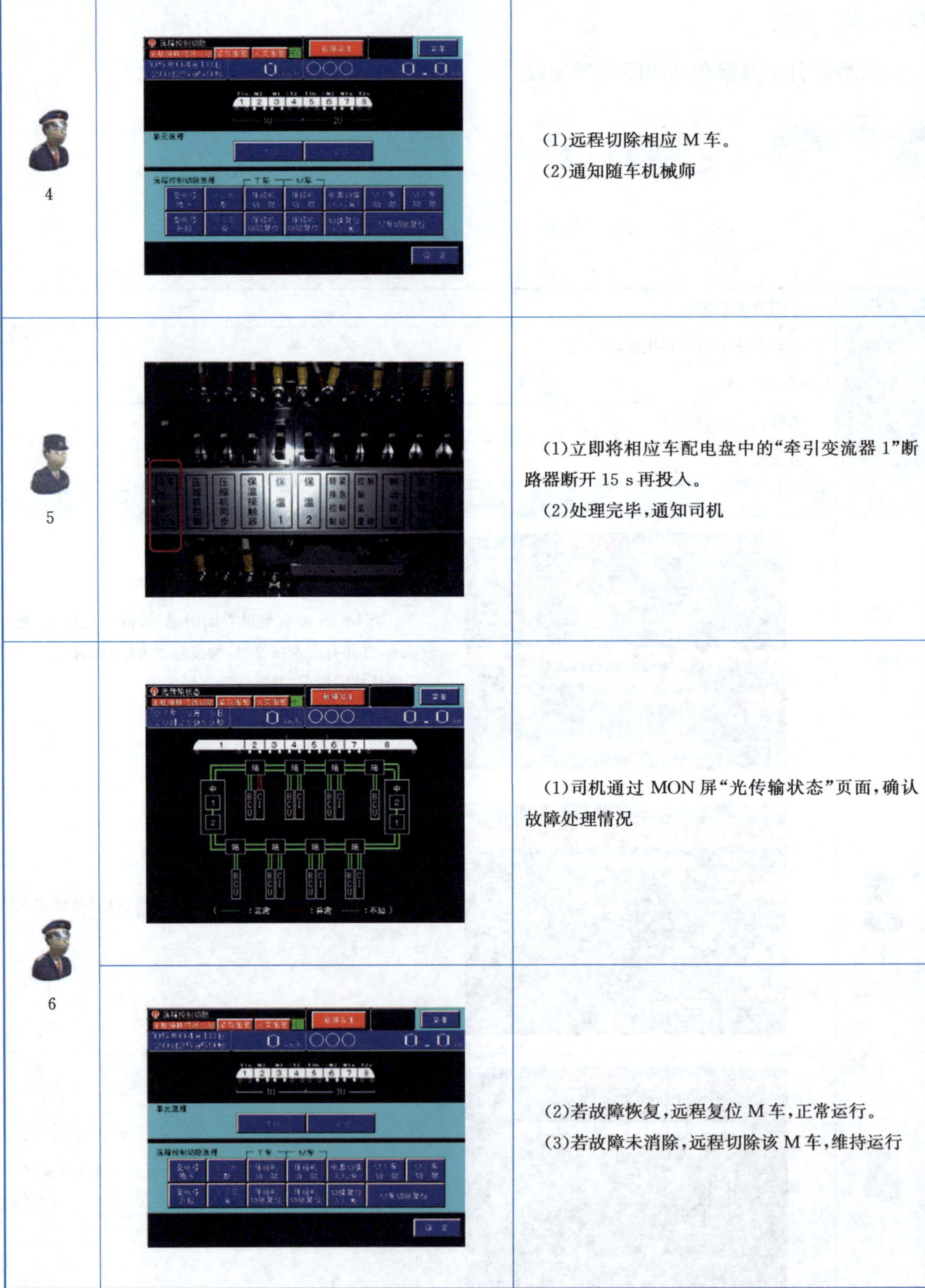

4		(1)远程切除相应 M 车。 (2)通知随车机械师
5		(1)立即将相应车配电盘中的“牵引变流器 1”断路器断开 15 s 再投入。 (2)处理完毕，通知司机
6		(1)司机通过 MON 屏“光传输状态”页面，确认故障处理情况
		(2)若故障恢复，远程复位 M 车，正常运行。 (3)若故障未消除，远程切除该 M 车，维持运行

学习活动 2　牵引变流器故障 1

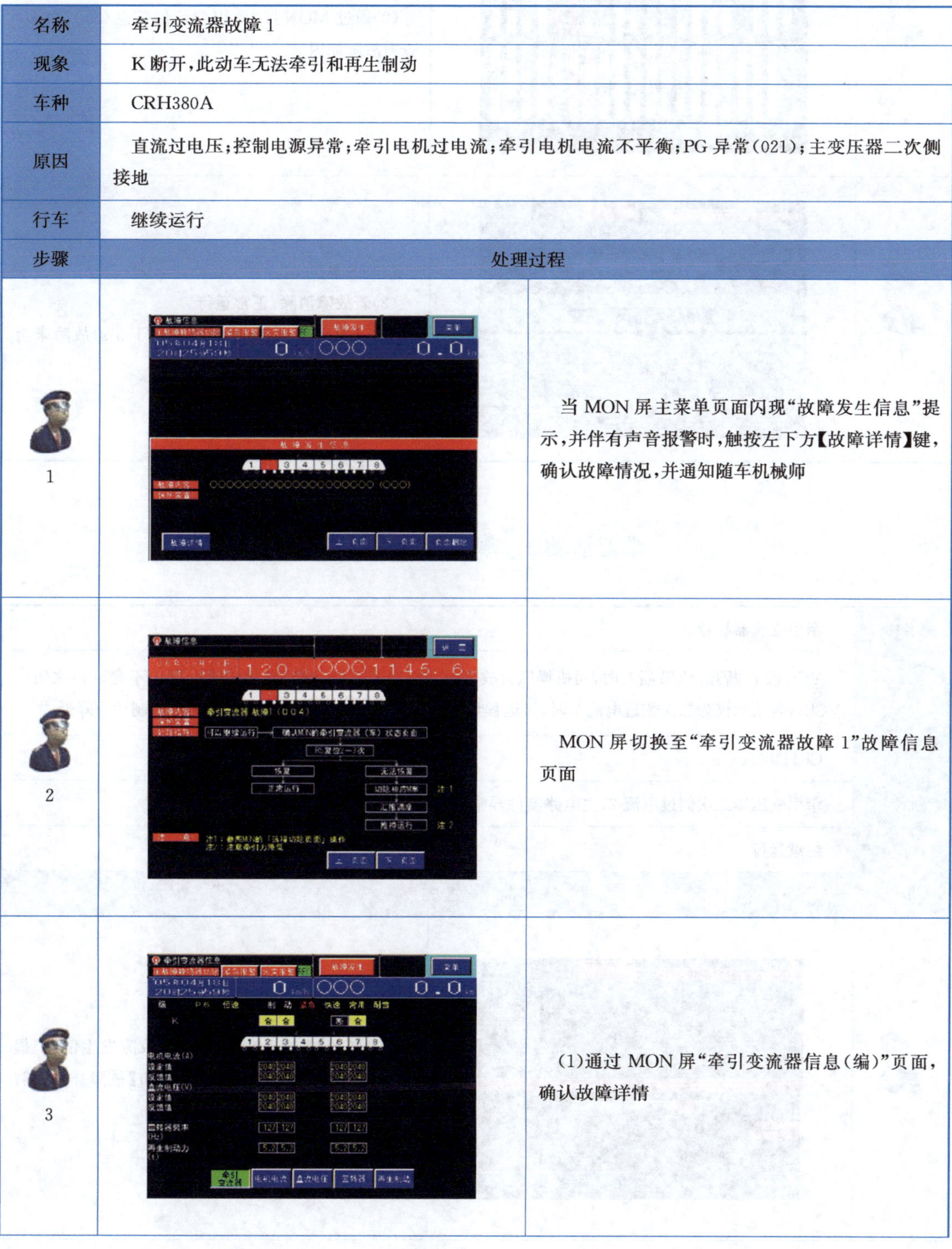

名称	牵引变流器故障 1	
现象	K 断开，此动车无法牵引和再生制动	
车种	CRH380A	
原因	直流过电压；控制电源异常；牵引电机过电流；牵引电机电流不平衡；PG 异常（021）；主变压器二次侧接地	
行车	继续运行	
步骤	处理过程	
1		当 MON 屏主菜单页面闪现“故障发生信息”提示，并伴有声音报警时，触按左下方【故障详情】键，确认故障情况，并通知随车机械师
2		MON 屏切换至“牵引变流器故障 1”故障信息页面
3		（1）通过 MON 屏“牵引变流器信息（编）”页面，确认故障详情

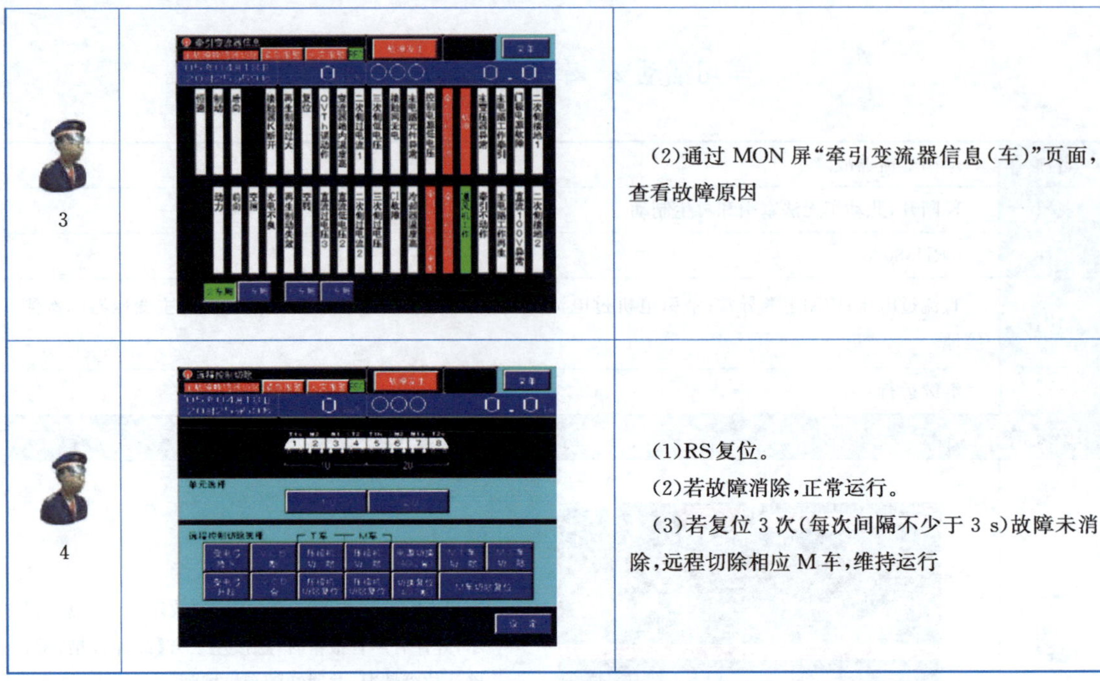

步骤		处理过程
3		(2)通过 MON 屏“牵引变流器信息(车)”页面，查看故障原因
4		(1)RS 复位。 (2)若故障消除，正常运行。 (3)若复位 3 次(每次间隔不少于 3 s)故障未消除，远程切除相应 M 车，维持运行

学习活动 3　牵引变流器故障 2

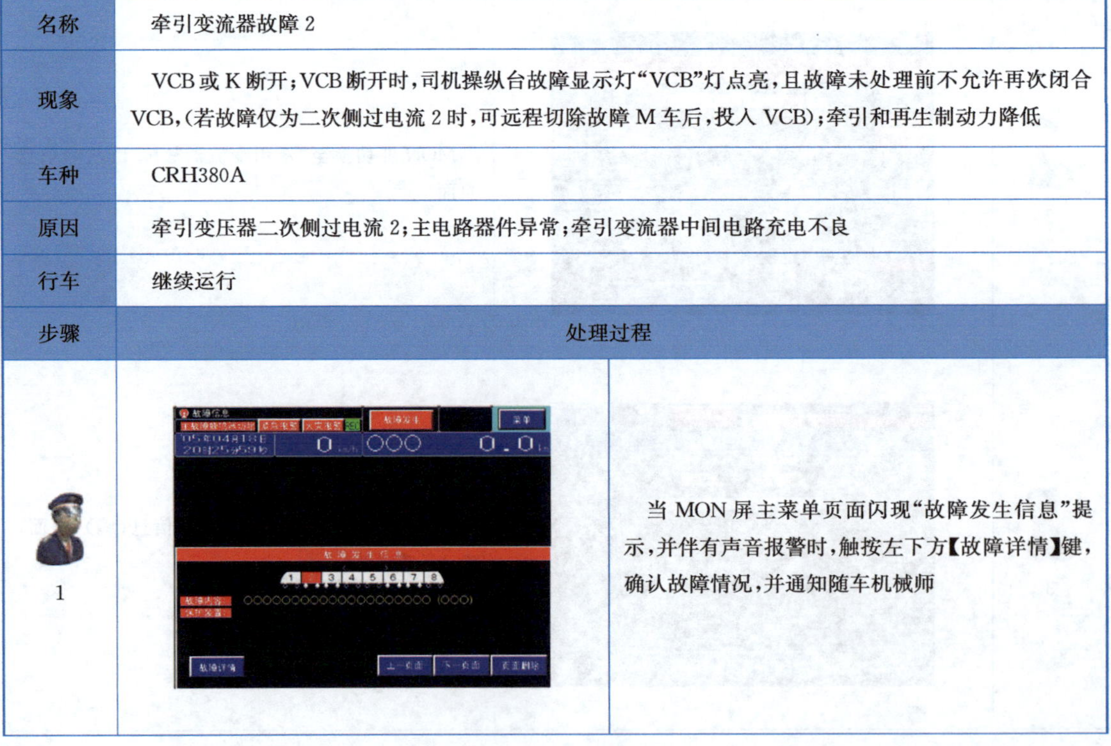

名称	牵引变流器故障 2	
现象	VCB 或 K 断开；VCB 断开时，司机操纵台故障显示灯“VCB”灯点亮，且故障未处理前不允许再次闭合 VCB，(若故障仅为二次侧过电流 2 时，可远程切除故障 M 车后，投入 VCB)；牵引和再生制动力降低	
车种	CRH380A	
原因	牵引变压器二次侧过电流 2；主电路器件异常；牵引变流器中间电路充电不良	
行车	继续运行	
步骤	处理过程	
1		当 MON 屏主菜单页面闪现“故障发生信息”提示，并伴有声音报警时，触按左下方【故障详情】键，确认故障情况，并通知随车机械师

步骤	图示	说明
2		MON 屏切换至“牵引变流器故障 2”故障信息页面
3		(1)通过 MON 屏“牵引变流器(车)”页面，确认原因。 (2)远程切除故障 M 车，并通知随车机械师
4		(1)立即将相应车配电盘中的“牵引变流器 1”断路器断开 15s 再投入。 (2)处理完毕，通知司机
5	(1)若故障消除，远程复位 M 车，正常运行。 (2)若故障未消除，远程切除该 M 车，维持运行	

学习活动 4　牵引变流器通风机停止

名称	牵引变流器通风机停止
现象	司机操纵台故障显示灯“电气设备”灯点亮，此动车无法牵引及再生制动
车种	CRH380A
原因	牵引变流器主送风机(CIBM1)故障
行车	继续运行

步骤	图示	说明
1		当 MON 屏主菜单页面闪现“故障发生信息”提示，并伴有声音报警时，触按左下方【故障详情】键，确认故障情况，并通知随车机械师
2		MON 屏切换至“牵引变流器通风机停止”故障信息页面
3		(1)通过 MON 屏远程切除故障 M 车。 (2)通知随车机械师检查故障车牵引变流器通风机的断路器状态
4		(1)立即确认故障车配电盘中的“牵引变流器送风 1”“牵引变流器送风 2”“牵引变流器送风 3”断路器是否均处于闭合状态。 (2)若上述断路器均处于闭合状态，则断开 15 s 再投入。 (3)确认完毕，通知司机
5	(1)若上述断路器断开再投入后，故障消除，恢复 M 车，正常运行。 (2)若上述断路器断开再投入后，故障未消除，远程切除 M 车，维持运行	

活动评价

在学习完牵引传动系统典型故障的处理后，每组派两位组员进行实操，相邻组派一名组员作为监督员根据活动评分表5-2-1评分，事后监督员说出扣分缘由。

表5-2-1　活动评分表

序号	主要内容	考核要求	配分	评分标准	得分
1	牵引传动系统典型故障的处理	能够按正确的步骤，对故障进行处理	50	1. 工具使用不规范，扣10分。 2. 牵引变流器传输不良故障未按步骤操作，扣10分。 3. 牵引变流器故障1故障未按步骤操作，扣10分。 4. 牵引变流器故障2故障未按步骤操作，扣10分。 5. 牵引变流器通风机停止故障未按步骤操作，扣10分	
2	检查测试	能够按照要求检查测试故障是否处理	30	1. 未正确使用标准用语，扣10分。 2. 故障原因分析不正确，扣10分。 3. 故障未处理，扣10分	
3	文明安全生产	劳保整齐，规范操作，出清收尾	20	1. 未正确佩戴劳保，扣10分。 2. 未规范操作，扣5分。 3. 工具物料未出清，扣5分	
小组编号			合计(总分)		

任务评价

<table>
<tr><td colspan="2">任务名称</td><td colspan="4"></td></tr>
<tr><td colspan="2">小组成员</td><td colspan="2"></td><td>综合评分</td><td></td></tr>
<tr><td rowspan="11">学生自评</td><td colspan="5">理论任务完成情况</td></tr>
<tr><td>序号</td><td>知识考核点</td><td colspan="2">自评意见</td><td>自评结果</td></tr>
<tr><td>1</td><td></td><td colspan="2"></td><td></td></tr>
<tr><td>2</td><td></td><td colspan="2"></td><td></td></tr>
<tr><td>3</td><td></td><td colspan="2"></td><td></td></tr>
<tr><td colspan="5">训练任务完成情况</td></tr>
<tr><td>项目</td><td>内容</td><td colspan="2">评价标准</td><td>自评结果</td></tr>
<tr><td>训练准备</td><td></td><td colspan="2"></td><td></td></tr>
<tr><td>训练方法</td><td></td><td colspan="2"></td><td></td></tr>
<tr><td>质量考核</td><td></td><td colspan="2"></td><td></td></tr>
<tr><td>安全考核</td><td></td><td colspan="2"></td><td></td></tr>
</table>

学习小组评价	□团队合作　□动手操作能力　□信息获取能力　□交流沟通能力 （根据完成任务情况填写：A优秀；B良好；C合格；D有待改进）
教师评价	

练习与思考

简述牵引传动系统的作用以及组成。

任务三　辅助供电系统故障处理

任务导入

辅助供电系统给动车组中低压负载供电，是动车组重要的系统之一。辅助供电系统由辅助变流器、充电机、蓄电池、单相逆变器等部件组成。辅助供电系统采用母线供电方式，为列车辅助设备如冷却风机、空调装置、照明、网络控制系统、制动装置、旅客信息、列车无线电等设备提供电能。因中低压负载种类多、数量大，在列车运行中若出现辅助供电系统故障，会给列车运行带来安全隐患。

任务目标

1. 熟悉辅助电源装置通风机停止故障处理流程。
2. 熟悉辅助电源装置 ARfN2 跳闸故障处理流程。
3. 熟悉辅助电源装置 ACVN1 跳闸故障处理流程。
4. 熟悉辅助电源装置 ACVN2 跳闸故障处理流程。

学习活动 1　辅助电源装置通风机停止

名称	辅助电源装置通风机停止
现象	此 APU 停机，此动力单元所有的辅助电源失电
车种	CRH380A

原因	电源线故障、通风机内部故障	
行车	继续运行	
步骤	处理过程	
1		当 MON 屏主菜单页面闪现“故障发生信息”提示，并伴有声音报警时，触按左下方【故障详情】键，确认故障情况，并通知随车机械师
2		MON 屏切换至“辅助电源装置通风机停止(143)”故障信息页面
3		(1)立即将故障车配电盘中的“辅助电源装置”断路器断开 15 s，再投入。 (2)处理完毕，通知司机
4		通过 MON 页面确认故障恢复情况： (1)若故障消除，正常运行。 (2)若故障未消除，闭合 BKK 或 BKK2 进行扩展供电，维持运行

学习活动 2 辅助电源装置 ARfN2 跳闸

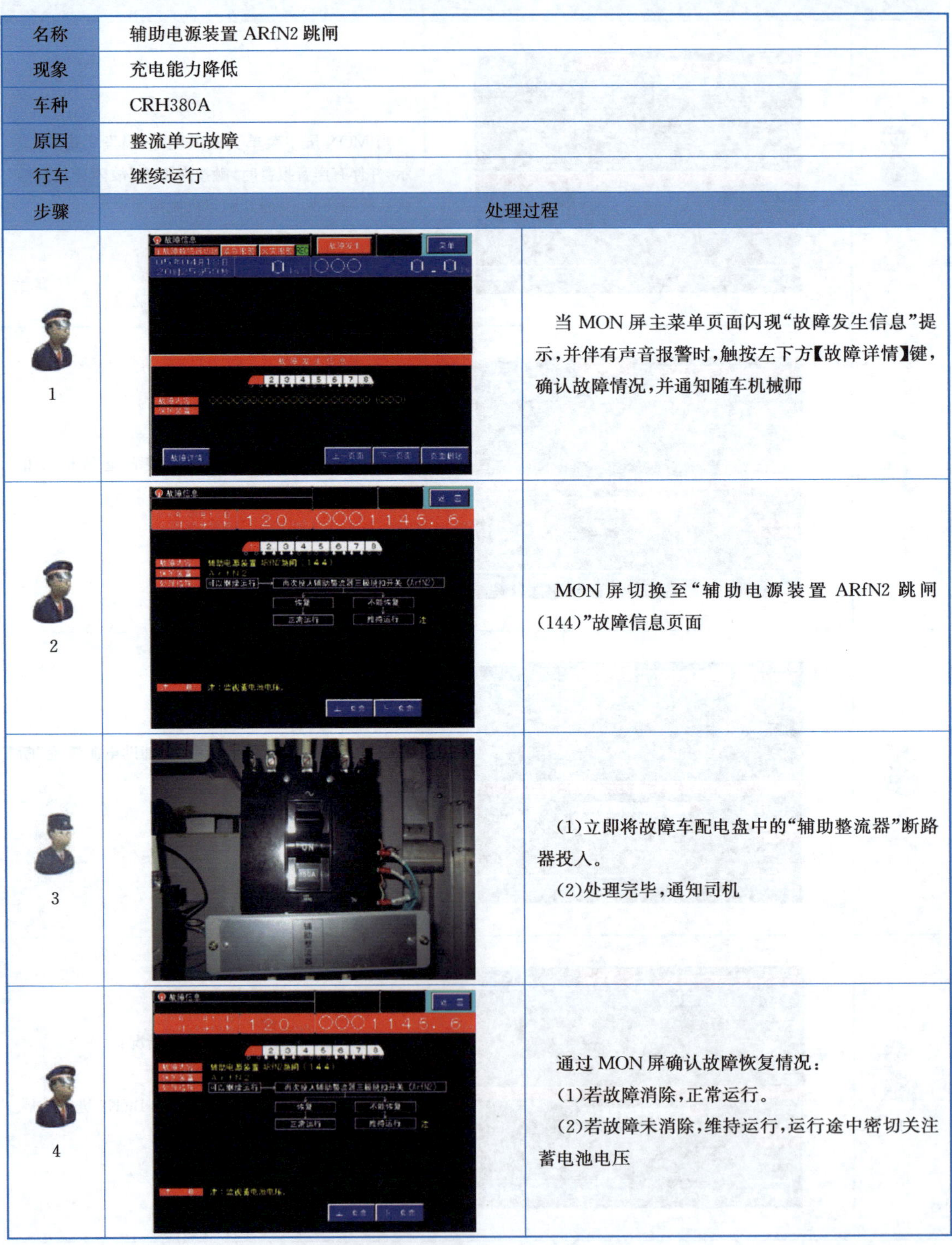

名称	辅助电源装置 ARfN2 跳闸
现象	充电能力降低
车种	CRH380A
原因	整流单元故障
行车	继续运行

步骤	处理过程	
1		当 MON 屏主菜单页面闪现“故障发生信息”提示，并伴有声音报警时，触按左下方【故障详情】键，确认故障情况，并通知随车机械师
2		MON 屏切换至“辅助电源装置 ARfN2 跳闸(144)”故障信息页面
3		(1)立即将故障车配电盘中的“辅助整流器”断路器投入。 (2)处理完毕，通知司机
4		通过 MON 屏确认故障恢复情况： (1)若故障消除，正常运行。 (2)若故障未消除，维持运行，运行途中密切关注蓄电池电压

学习活动 3　辅助电源装置 ACVN1 跳闸

名称	辅助电源装置 ACVN1 跳闸	
现象	由于 AC 100 V 稳压供电电路失电，导致空调、给水控制失效，车外目的地显示器、收音机、辅助制动等设备不工作	
车种	CRH380A	
原因		“辅助电源装置交流电源 1”断路器故障
行车	继续运行	
步骤	处理过程	
1		当 MON 屏主菜单页面闪现“故障发生信息”提示，并伴有声音报警时，触按左下方【故障详情】键，确认故障情况，并通知随车机械师
2		MON 屏切换至“辅助电源装置 ACVN1 跳闸 146”故障信息页面

 3		确认断路器状态，若处于断开位执行第 4 步
 4	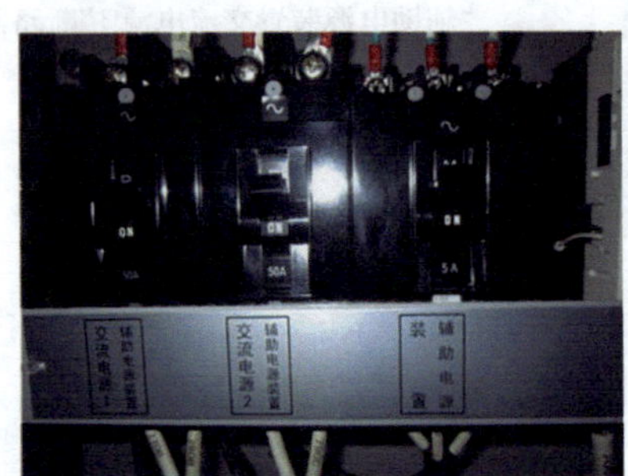	(1)断开控制单元内各车如下用电设备断路器：空调控制、信息显示设定、供水装置、收音机、辅助制动。 (2)先闭合“辅助电源装置交流电源 1”断路器，然后逐一闭合用电设备断路器。 (3)闭合用电设备断路器过程中，若故障再次出现，则断开故障设备断路器。 (4)重复第(2)、(3)步操作，直到所有用电设备断路器闭合完毕。 (5)断开故障设备断路器，闭合“辅助电源装置交流电源 1”断路器，维持运行

学习活动 4　辅助电源装置 ACVN2 跳闸

名称	辅助电源装置 ACVN2 跳闸
现象	由于 AC 220 V 供电电路的失电，导致小卖部(吧台)设备、电源插座等失电
车种	CRH380A
原因	(1)TR4 变压器故障。 (2)负载设备故障。 (3)断路器故障
行车	继续运行

步骤	图示	操作说明
1		当MON屏主菜单页面闪现“故障发生信息”提示，并伴有声音报警时，触按左下方【故障详情】键，确认故障情况，并通知随车机械师
2		MON屏切换至“辅助电源装置ACVN2跳闸(147)”故障信息页面
3		确认断路器状态，若处于断开位执行第4步
4		(1)断开控制单元内各车如下用电设备断路器：小卖部(吧台)设备、各车插座等。 (2)先闭合“辅助电源装置交流电源2”断路器，然后逐一闭合用电设备断路器。 (3)闭合用电设备断路器过程中，若故障再次出现，则断开故障设备断路器。 (4)重复第(2)、(3)步操作，直到所有用电设备断路器闭合完毕。 (5)切除故障设备断路器，闭合“辅助电源装置交流电源2”断路器，维持运行

活动评价

在学习完辅助供电系统典型故障的处理后，每组派两位组员进行实操，相邻组派一名组员作为监督员根据活动评分表 5-3-1 评分，事后监督员说出扣分缘由。

表 5-3-1 活动评分表

序号	主要内容	考核要求	配分	评分标准	得分
1	辅助供电系统典型故障的处理	能够按正确的步骤，对故障进行处理	50	1. 工具使用不规范，扣 10 分。 2. 辅助电源装置通风机停止故障未按步骤操作，扣 10 分。 3. 辅助电源装置 ARfN2 跳闸故障未按步骤操作，扣 10 分。 4. 辅助电源装置 ACVN1 跳闸故障未按步骤操作，扣 10 分。 5. 辅助电源装置 ACVN2 跳闸故障未按步骤操作，扣 10 分	
2	检查测试	能够按照要求检查测试故障是否处理	30	1. 未正确使用标准用语，扣 10 分。 2. 故障原因分析不正确，扣 10 分。 3. 故障未处理，扣 10 分	
3	文明安全生产	劳保整齐，规范操作，出清收尾	20	1. 未正确佩戴劳保，扣 10 分。 2. 未规范操作，扣 5 分。 3. 工具物料未出清，扣 5 分	
小组编号			合计(总分)		

任务评价

任务名称				
小组成员			综合评分	
学生自评	理论任务完成情况			
	序号	知识考核点	自评意见	自评结果
	1			
	2			
	3			

<table>
<tr><td rowspan="6">学生自评</td><td colspan="4">训练任务完成情况</td></tr>
<tr><td>项目</td><td>内容</td><td>评价标准</td><td>自评结果</td></tr>
<tr><td>训练准备</td><td></td><td></td><td></td></tr>
<tr><td>训练方法</td><td></td><td></td><td></td></tr>
<tr><td>质量考核</td><td></td><td></td><td></td></tr>
<tr><td>安全考核</td><td></td><td></td><td></td></tr>
<tr><td>学习小组评价</td><td colspan="4">□团队合作　□动手操作能力　□信息获取能力　□交流沟通能力
(根据完成任务情况填写:A优秀;B良好;C合格;D有待改进)</td></tr>
<tr><td>教师评价</td><td colspan="4"></td></tr>
</table>

练习与思考

简述辅助供电系统的作用及组成。

任务四　制动系统故障处理

任务导入

制动系统是动车组至关重要的安全部件,必须时刻保持良好的状态和反应,它能否正常稳定工作直接影响动车组的安全可靠运行,因此对制动系统的故障处理显得尤为重要和关键。

任务目标

1. 熟悉制动控制装置传输不良故障处理流程。
2. 熟悉制动控制装置故障处理流程。
3. 熟悉制动力不足故障处理流程。
4. 熟悉制动不缓解故障处理流程。

学习活动 1　制动控制装置传输不良

名称	制动控制装置传输不良	
现象	制动控制装置传输不良	
车种	CRH380A	
原因	(1)光连接器连接插头松动、接触不良。 (2)终端装置接口板卡故障	
行车	继续运行	
步骤	处理过程	
1	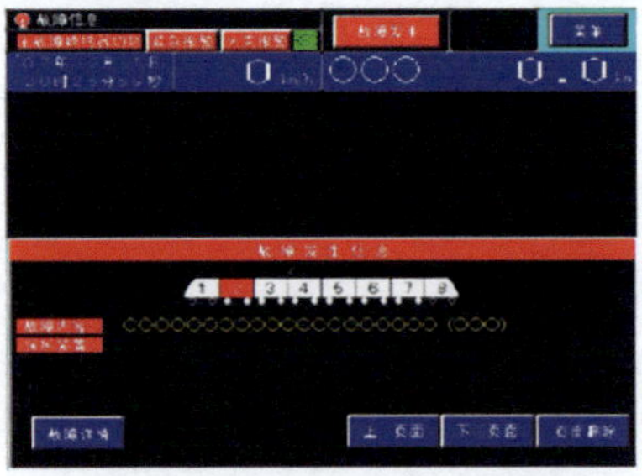	当 MON 屏主菜单页面闪现“故障发生信息”提示，并伴有声音报警时，触按左下方【故障详情】键，确认故障情况，并通知随车机械师
2	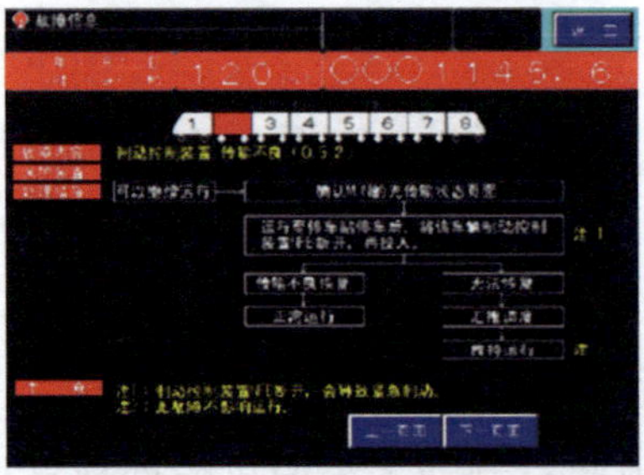	MON 屏切换至“制动控制传输不良”故障信息页面
3	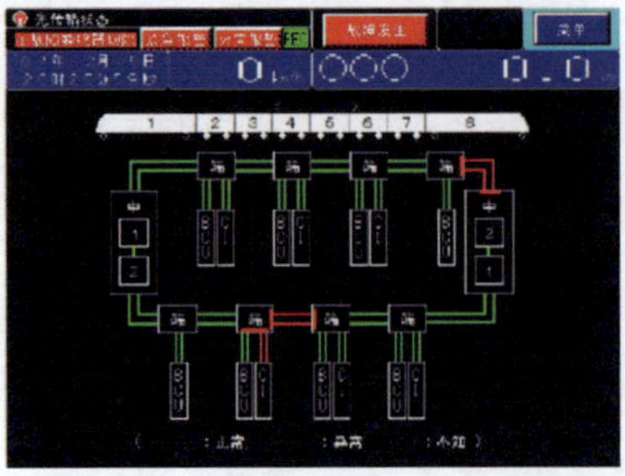	司机通过 MON 屏“光传输状态”页面，确认故障位置，并通知随车机械师

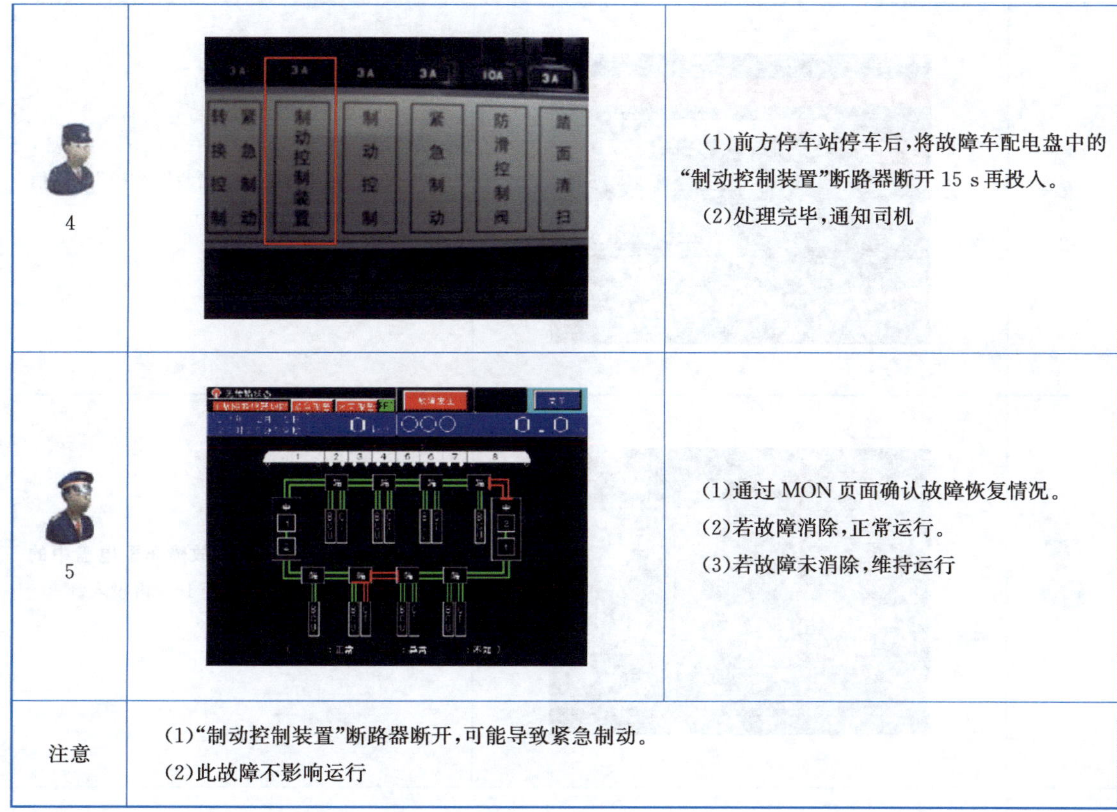

4		(1)前方停车站停车后，将故障车配电盘中的“制动控制装置”断路器断开 15 s 再投入。 (2)处理完毕，通知司机
5		(1)通过 MON 页面确认故障恢复情况。 (2)若故障消除，正常运行。 (3)若故障未消除，维持运行
注意	(1)“制动控制装置”断路器断开，可能导致紧急制动。 (2)此故障不影响运行	

学习活动 2　制动控制装置故障

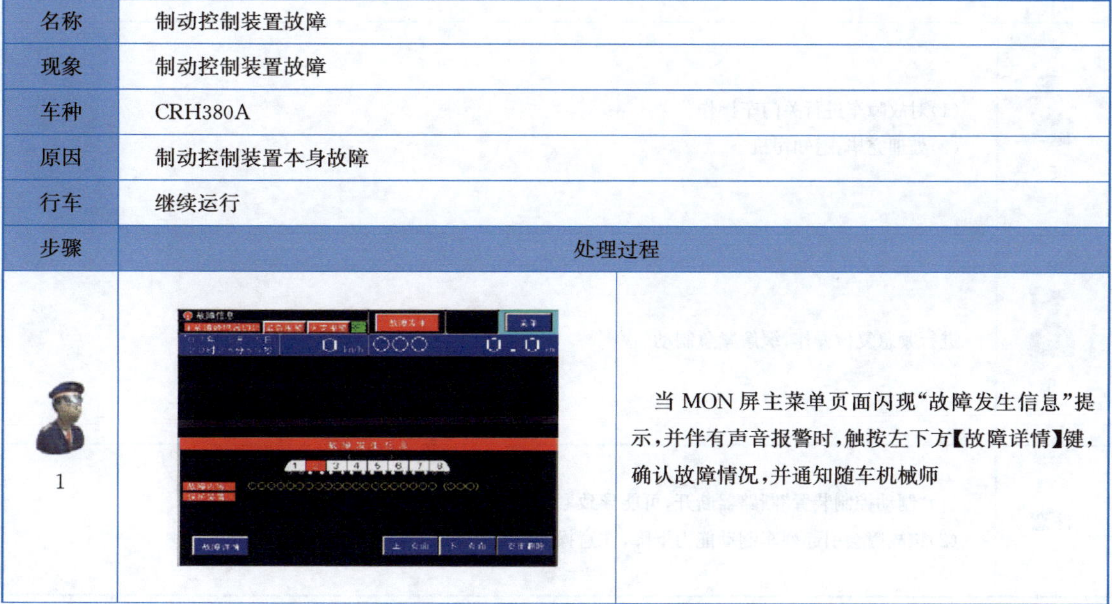

名称	制动控制装置故障	
现象	制动控制装置故障	
车种	CRH380A	
原因	制动控制装置本身故障	
行车	继续运行	
步骤	处理过程	
1		当 MON 屏主菜单页面闪现“故障发生信息”提示，并伴有声音报警时，触按左下方【故障详情】键，确认故障情况，并通知随车机械师

2		MON 屏切换至“制动控制装置故障”故障信息页面，按限速要求维持运行
3		(1)前方停车站停车，将故障车配电盘中的“制动控制装置”断路器断开 15 s 再投入。 (2)处理完毕，通知司机
4	(1)通过 MON 页面确认故障恢复情况。 (2)若故障消除，正常运行。 (3)若故障未消除，通知随车机械师	
5	(1)对故障车进行关门车操作。 (2)处理完毕，通知司机	
6	进行紧急复位操作，缓解紧急制动	
注意	(1)“制动控制装置”断路器断开，可能导致紧急制动。 (2)该故障会引起列车制动能力下降，注意操作	

学习活动 3　制动不足

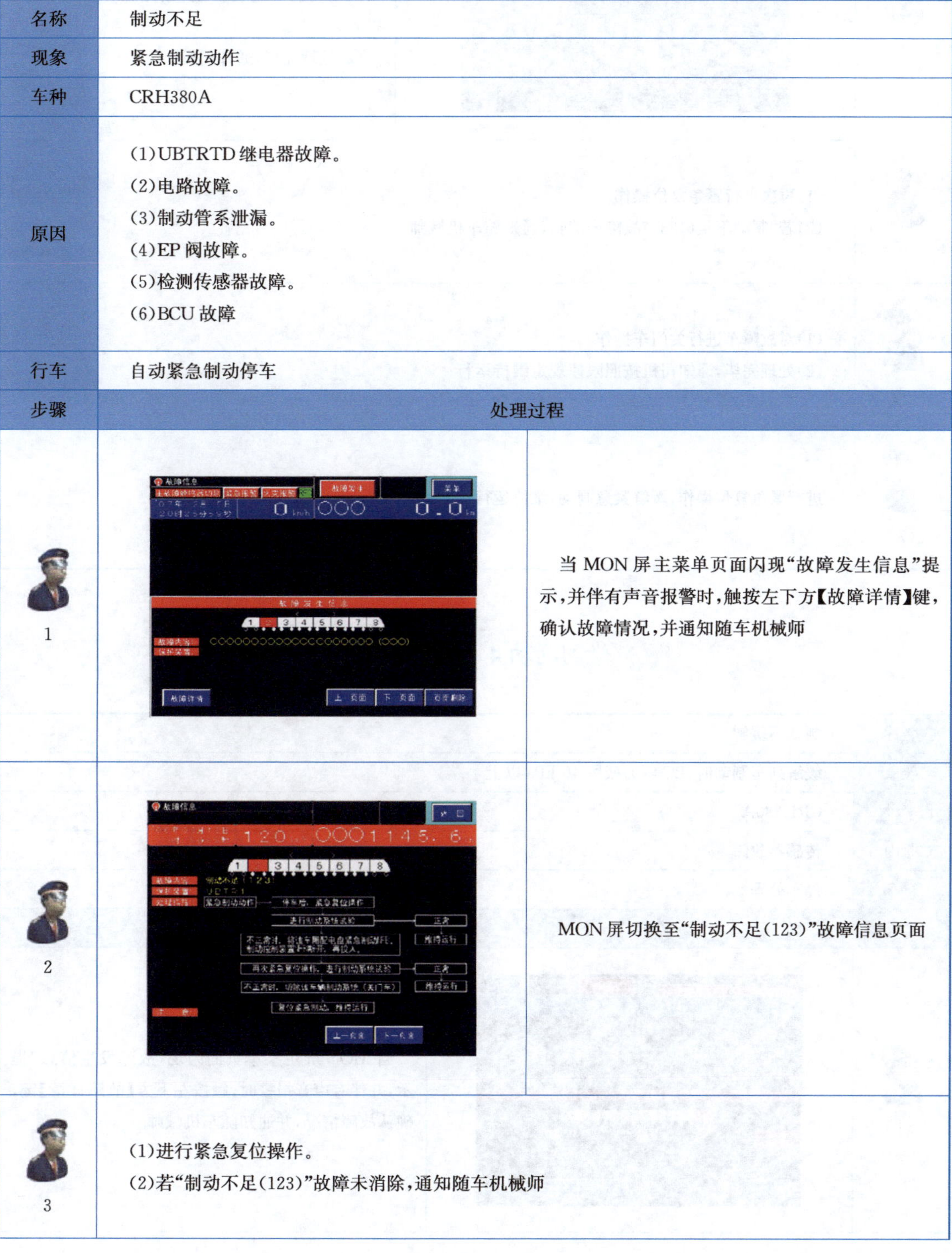

名称	制动不足	
现象	紧急制动动作	
车种	CRH380A	
原因	(1)UBTRTD 继电器故障。 (2)电路故障。 (3)制动管系泄漏。 (4)EP 阀故障。 (5)检测传感器故障。 (6)BCU 故障	
行车	自动紧急制动停车	
步骤	处理过程	
1		当 MON 屏主菜单页面闪现“故障发生信息”提示，并伴有声音报警时，触按左下方【故障详情】键，确认故障情况，并通知随车机械师
2		MON 屏切换至“制动不足(123)”故障信息页面
3	(1)进行紧急复位操作。 (2)若“制动不足(123)”故障未消除，通知随车机械师	

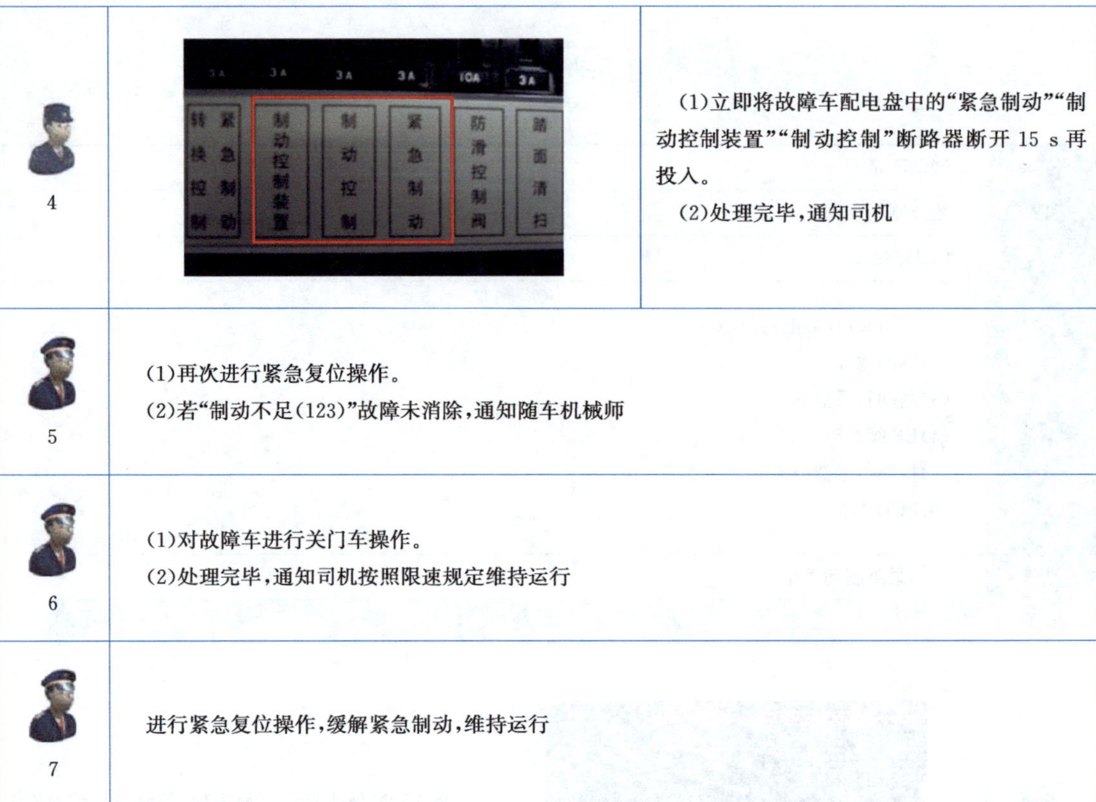

4		(1)立即将故障车配电盘中的“紧急制动”“制动控制装置”“制动控制”断路器断开 15 s 再投入。 (2)处理完毕，通知司机
5	(1)再次进行紧急复位操作。 (2)若“制动不足(123)”故障未消除，通知随车机械师	
6	(1)对故障车进行关门车操作。 (2)处理完毕，通知司机按照限速规定维持运行	
7	进行紧急复位操作，缓解紧急制动，维持运行	

学习活动 4　制动不缓解

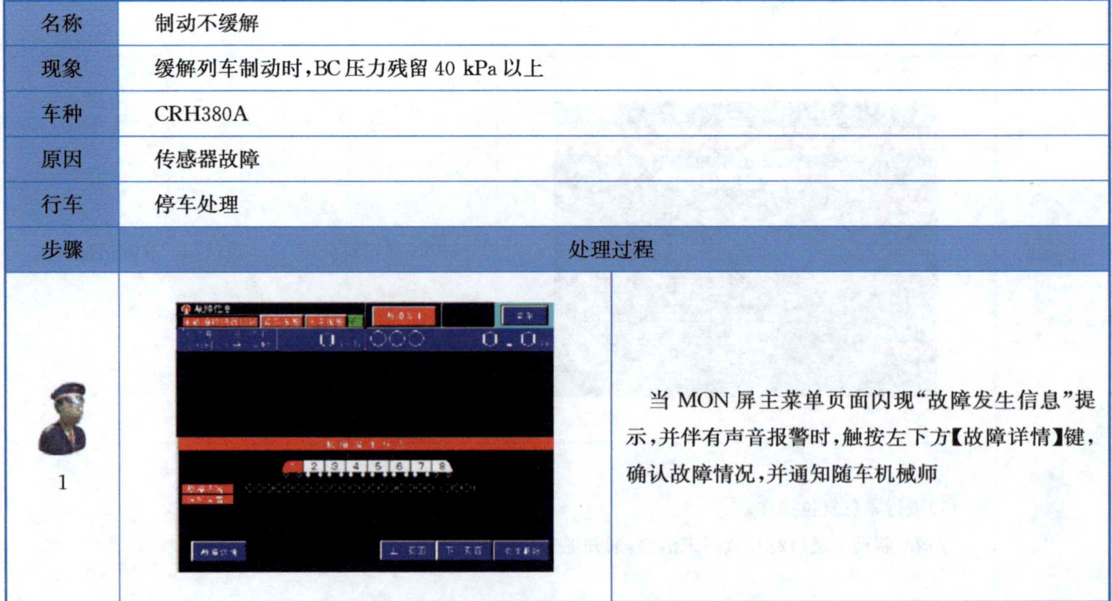

名称	制动不缓解	
现象	缓解列车制动时，BC 压力残留 40 kPa 以上	
车种	CRH380A	
原因	传感器故障	
行车	停车处理	
步骤	处理过程	
1		当 MON 屏主菜单页面闪现“故障发生信息”提示，并伴有声音报警时，触按左下方【故障详情】键，确认故障情况，并通知随车机械师

2		MON屏切换至“制动不缓解”故障信息页面
3		(1)将制动手柄置于“运行”位，通过MON屏“制动信息”页面确认故障车辆的制动缸(BC)压力值。 (2)若故障车制动缸(BC)有制动压力时，通知随车机械师
4		(1)立即将故障车配电盘中的“制动控制装置”断路器断开15 s再投入。 (2)处理完毕，通知司机
5		(1)进行紧急复位操作。 (2)紧急制动缓解后，将制动手柄置于“运行”位，通过MON屏“制动信息”页面确认故障车辆的制动缸(BC)压力值。 (3)若故障未消除，通知随车机械师

 6	(1)对故障车进行关门车操作。 (2)处理完毕，通知司机
 7	(1)进行紧急复位操作，缓解紧急制动。 (2)进行制动缓解试验，若正常，维持运行。 (3)进行制动缓解试验，若不正常，维持运行

活动评价

在学习完制动系统典型故障的处理后，每组派两位组员进行实操，相邻组派一名组员作为监督员根据活动评分表 5-4-1 评分，事后监督员说出扣分缘由。

表 5-4-1 活动评分表

序号	主要内容	考核要求	配分	评分标准	得分
1	制动系统典型故障的处理	能够按正确的步骤，对故障进行处理	50	1. 工具使用不规范，扣 10 分。 2. 制动控制装置传输不良故障未按步骤操作，扣 10 分。 3. 制动控制装置故障未按步骤操作，扣 10 分。 4. 制动力不足故障未按步骤操作，扣 10 分。 5. 制动不缓解故障未按步骤操作，扣 10 分	
2	检查测试	能够按照要求检查测试故障是否处理	30	1. 未正确使用标准用语，扣 10 分。 2. 故障原因分析不正确，扣 10 分。 3. 故障未处理，扣 10 分	
3	文明安全生产	劳保整齐，规范操作，出清收尾	20	1. 未正确佩戴劳保，扣 10 分。 2. 未规范操作，扣 5 分。 3. 工具物料未出清，扣 5 分	
小组编号			合计(总分)		

任务评价

<table>
<tr><td colspan="2">任务名称</td><td colspan="4"></td></tr>
<tr><td colspan="2">小组成员</td><td colspan="2"></td><td>综合评分</td><td></td></tr>
<tr><td rowspan="11">学生自评</td><td colspan="5">理论任务完成情况</td></tr>
<tr><td>序号</td><td>知识考核点</td><td>自评意见</td><td colspan="2">自评结果</td></tr>
<tr><td>1</td><td></td><td></td><td colspan="2"></td></tr>
<tr><td>2</td><td></td><td></td><td colspan="2"></td></tr>
<tr><td>3</td><td></td><td></td><td colspan="2"></td></tr>
<tr><td colspan="5">训练任务完成情况</td></tr>
<tr><td>项目</td><td>内容</td><td>评价标准</td><td colspan="2">自评结果</td></tr>
<tr><td>训练准备</td><td></td><td></td><td colspan="2"></td></tr>
<tr><td>训练方法</td><td></td><td></td><td colspan="2"></td></tr>
<tr><td>质量考核</td><td></td><td></td><td colspan="2"></td></tr>
<tr><td>安全考核</td><td></td><td></td><td colspan="2"></td></tr>
<tr><td>学习小组评价</td><td colspan="5">□团队合作　□动手操作能力　□信息获取能力　□交流沟通能力
（根据完成任务情况填写：A 优秀；B 良好；C 合格；D 有待改进）</td></tr>
<tr><td>教师评价</td><td colspan="5"></td></tr>
</table>

练习与思考

制动系统的作用是什么？

参 考 文 献

[1]中国铁路总公司．铁路技术管理规程(普速铁路部分)[S]. 北京:中国铁道出版社,2017.

[2]中国铁路总公司．铁路技术管理规程(高速铁路部分)[S]. 北京:中国铁道出版社,2017.

[3]中国铁路总公司．CRH 系列动车组操作规则[S]. 北京:中国铁道出版社,2015.

[4]中国铁路总公司．机务行车安全管理规则[S]. 北京:中国铁道出版社,2014.

[5]李冰毅,朱亚男．高速铁路动车组驾驶与运用[M]. 成都:西南交通大学出版社,2022.

[6]梁炜昭．动车组运用与管理[M]. 北京:北京交通大学出版社,2022.